Roschach · Ausgezeichnet Badisch

„Die praktischen Bücher"
aus dem Reiff-Schwarzwaldverlag
in der Buchreihe „Essen & Trinken":

Gastro-Guide Baden – Elsass · Hans Roschach
Schwarzwälder Kirschwasser · Hans Roschach
Kochrezepte vom Vogtsbauernhof · Hans Roschach
Was Bürgermeister anrichten · Hans Roschach
Badische Küche Ortenau · Hans Roschach
Badischer Wein · Hans Roschach
Ortenauer Landgasthäuser · Hans Roschach

Hans Roschach

Ausgezeichnet Badisch

Klassische Küchenrezepte

Reiff Schwarzwaldverlag Offenburg

Bibliografische Informationen der Deutschen Bibliothek

ISBN 978-3-941477-09-4

Die Deutsche Bibliothek verzeichnet diese Publikation in der Deutschen Nationalbibliografie; detaillierte bibliografische Daten sind im Internet unter http://dnb.ddb.de abrufbar.

Lektorat:
Reinhold Klein

Beratung:
Heinz Litterst

Layout und Umbruch:
Janina Hänel

Druck:
Kehler Druck, Kehl

Verarbeitung:
Buchbinderei Zeh, Offenburg

Liebe Leserin, lieber Leser,

das wohl höchste Kulturgut Badens ist seine Küche. Sie spiegelt seine Geschichte, seine Entwicklung, seine Lebensart, in guten wie in schlechten Zeiten. In diesem Land lässt es sich aktiv wie passiv genießen, beim Einkaufen auf dem Markt, beim Zubereiten bodenständiger Nahrungsmittel, an der Tafel in fröhlicher Runde. All das eingebunden in die uralte Erkenntnis, dass dort, wo guter Wein wächst, auch gut gegessen wird.

Wein ist nicht alles in Baden, aber ohne Wein wäre Baden nichts, so lautet ein Spruch vom Ende des vorigen Jahrhunderts. Damals begann ein Rückbesinnen auf die Küche unserer Vorfahren. Seit zwei Jahrtausenden sind die Töpfe am Oberrhein Schmelztiegel der römischen, der österreichischen, der französischen und Schweizer Küche. Dies, in Verbindung mit einem fast schon südlichen Klima, mit einem Reichtum an Lebensmitteln aus Wald und Flur, aus Seen und Bächen, wie er sonst kaum irgendwo diesseits der Alpen herrscht, begründet den Vorrang unserer Heimat mit ihrer unbestritten besten Regionalküche in Mitteleuropa.

Entgegen dem Zeitgeist in manchen Medien und dem fatalen Wirken der Industrie auf dem Nahrungsmittelsektor soll der Qualität, der Ehrlichkeit und der Leistung das Wort gesprochen werden. Nicht viel reden, einfach nur gut kochen, das passte und passt vielerorts auch heute noch zur badischen Hausfrau. Für die Köche dürfte es selbstverständlich sein.

Hans Roschach

Vesper 9

Schmeckt besonders an heißen Tagen: **Bibiliskäse** 10

Gallerei: Genuss durch Geduld und Können 11

Maultaschen, die schwäbische Leibspeise von Rang 12

Das Gleiche, aber nicht dasselbe: **Presskopf** 13

Der ideale Begleiter nicht nur zum Neuen: **Zwiebelkuchen** 14

Suppen oder Eintöpfe 15

Herbstliche Küche mit **Birnen, Bohnen und Speck** 16

Ohne **Bohnensuppe** fällt in der Ortenau die Fasnacht aus 17

Links und rechts des Oberrheins zuhause: **Baeckeoffe** 18

Gemüseeintopf kommt selten aus nur einem Topf 19

Kürbis: ein herbstliches Schwergewicht 20

Markklößchen sind nicht nur in Baden beliebte Einlage 21

Feinstes aus der Tasse: **Badische Schneckensuppe** 22

Erfrischend an heißen Tagen: **Eiskalte Sommersuppe** 23

Beilagen, Gemüse und Salate 25

Endivien, Chicorée, Eskariol oder Radicchio – alles ein Verein 26

Ein gesamtdeutsches Gericht: **„Himmel und Erd“** 27

Der **Lauch** ist ganzjährig ein beliebtes Gemüse 28

Linsen: Nicht nur mit Spätzle und Saitenwürstle 29

Löwenzahn: Salat gratis von Mutter Natur 30

Mangold oder die Wiedergeburt eines Klassikers 31

Der **Pfifferling:** Selbst gesammelt ein Hochgenuss 32

Rote Bete, Rahnen oder Randen: Nicht nur zu Meerrettich 33

Süß oder sauer: **Rüben** erfreuen sich zunehmender Beliebtheit 34

Das **Rotkraut** – mehr als nur eine einfache Beilage 35

Oberrheinischer Klassiker: **Mal Sauerkraut, mal Choucroute** 36

Spargel, ein „königliches Gemüse“ für jedermann 37

Frisch oder getrocknet wertvoll: **Steinpilze** 38

Grundsauce

Gretchenfrage in unserer Küche: **Saucen** 40

Rind und Kalb 41

Gekochtes Rindfleisch mit Meerrettich 42

Als Österreich noch bei Ungarn war: **Gulasch k.u.k.** 43

Lende, Lummel, Filet: Das Beste vom Rind hat viele Namen 44

Rouladen gibt´s nicht nur vom Rind 45

Sauerbraten vom Rinderbug 46

Ochsenschwanz: Das Gute am Ende 47

Bäckle vom Kalb oder Rind: Zarter geht’s fast nicht mehr 48

Gefüllte Kalbsbrust: Die wunderbare Fleischvermehrung 49

Verbindet Europa: **Eingemachtes Kalbfleisch** 50

Vom **Kalb** schmeckt fast alles, auf jeden Fall die **Füße** ... 51

Das beste Fleisch sitzt am Kopf: **Kalbskopf** ... 52

Die Krönung der badischen Kochkunst: Omas **Kalbsnierenbraten** ... 53

Der ultimative Festtagsschmaus: **Kalbsrücken** ... 54

Heute wieder voll im Trend: **Rahmschnitzel** ... 55

Lamm 57

Nicht nur an Ostern: **Lamm** hat das ganze Jahr über Saison ... 58

Auf dem Vormarsch in Baden: das **Lammhäxle** ... 59

Die **Lammkeule**, ein typisches Freundschaftsessen ... 60

Für Singles wie für Familien: **Koteletts vom Lamm** ... 61

Schwein 63

Wer zu spät kommt, macht halt ein **Schäufele** warm ... 64

Der **Schinken** – einst Inbegriff üppigen Essens ... 65

Schmackhaft und preiswert: **Bäckle vom Borstenvieh** ... 66

Ein bezahlbarer Hochgenuss: **Schweinebraten** ... 67

Preiswert für die große Familie: **Gefüllte Schweinebrust** ... 68

Das Feinste vom Borstentier: **Filet vom Schwein** ... 69

Eine komplette Mahlzeit vom Grill: **Schweinshaxen** ... 70

Einst das Beste vom Schlachtfest: der **Hohrücken** ... 71

Schweinepfeffer: Deftiges vom Markgräfler Land ... 72

Sauerbraten schmeckt vom wilden und zahmen Schwein ... 73

Innereien 75

Kalbsbries – für Kenner eine begehrte Köstlichkeit ... 76

Sauer, abgeschmälzt oder in Rieslingrahm: **Kutteln** ... 77

Leberle: Großmutters Fast Food ... 78

Der **Leberknödeläquator:** von Bayern über Baden ins Elsass ... 79

Der **Ochsenmaulsalat** – feines Kopffleisch vom Rind ... 80

Sie fehlte einst auf keiner Hochzeitstafel: **Rinderzunge in Madeira** ... 81

Geflügel 83

„Bleiche“ und Co. sei's gedankt: Das **Brathähnchen** lebt noch ... 84

Schmeckt als Brust, Keule oder am Stück: **Ente** ... 85

In der Ortenau fliegt der **Entenbraten** vor die Haustür ... 86

Als Vorgeschmack auf Weihnachten: **Gänsebrust** ... 87

Der **Kapaun:** König auf dem Geflügelhof ... 88

Das **Perlhuhn:** Zu Kaisers Zeiten geschätzt, heute fast vergessen ... 89

Der perfekte „Gänsebraten“: **Pute, Puter oder Truthahn** ... 90

Eine Mahlzeit für die ganze Familie: **Suppenhuhn** ... 91

Zu Unrecht Stiefkinder der Küche: **Stallhasen** ... 92

Fisch 93

In Großmutters Küche war der **Aal** Brotfisch 94
Eingelegter Fisch: eine Spezialität nicht nur für Angler 95
Forellen: Blau, Müllerin Art oder in Rieslingrahm 96
Der **Karpfen**: An diesem Fisch besteht kein Mangel 97
Einst war **Lachs** Volksnahrung am Oberrhein 98
Muscheln sind in Badens Töpfen längst heimisch 99
Schellfisch in Senfsauce war im Badischen Freitagspflicht 100
Stockfisch: Hochgenuss oder Strafe Gottes 101

Wild 103

Nicht nur junge **Fasanen** schmecken ausgezeichnet 104
Im Mai beginnt in Wald und Flur die Jagd auf den Roten Bock: **Maibock-Keule** 105
Der **Rücken des Rehs** entzückt jeden Feinschmecker 106
Reh: Herbst und Winter hohe Zeit für Wildgerichte – **Rehragout** 107
Das junge **Wildschwein** schmeckt besonders zart 108

Süßspeisen – Desserts – Kuchen 109

Möglichst warm aus der Hand essen: **Apfelküchle** 110
Der **Brombeerwein** zählte einst zu Opas Alcopops 111
Dampfnudel, die Verwandte von Germ- und Semmelknödel 112
Ein Erbe von Kaiser Franz Josef: **Dummis oder Kratzete** 113
Beiderseits des Rheins der Kuchen der Alemannen: **Guglhupf** 114
Alljährliche Pflichtübung: **Heidelbeerkuchen** 115
Hält bis Ostern: das **Hutzelbrot** 116
Kirschplotzer, ein intensives Geschmackserlebnis 117
Ob **Pflaume oder Zwetschge**, Hauptsache süß 118
Fast nur in Baden und der Pfalz zu finden: die **Quitte** 119
Zierde jedes Schwarzwälder Hofgartens: **Rhabarber** 120
Schmalzgebackenes ist kulinarisches Brauchtum in Baden 121
Luftige Erinnerung an Omas Küche: **Schneeballen** 122
Ob als Blüte oder Beere ein Hochgenuss: **Schwarzer Holunder** 123

Vesper

Schmeckt besonders an heißen Tagen: Bibiliskäse

Echten Bibiliskäse gibt es fast nur noch vom Bauernhof mit Milchviehwirtschaft
Quark und Schichtkäse sind akzeptabler Ersatz

Für 4 Portionen:

- 500 g Quark (30 %)
- 300 g Schichtkäse
- 2 dl süßer Rahm
- 1 große Zwiebel
- 1 Bund Schnittlauch

Zu Hause vorrätig:
Meersalz, schwarze Pfefferkörner

Wichtigstes Standbein eines Schwarzwälder Bauernvespers neben Speck, Schwarz- und Leberwurst ist der Bibiliskäse. Seine angestammte Heimat ist das Kinzigtal und das Schuttertal. Für die älteren Freunde heimischer Küche mag diese Speise höchst banal erscheinen, gehörte sie doch in jeden Haushalt, wenn gestockte Sauermilch im Sieb abtropfte und fest wurde. Normalerweise reichen die Mikrokulturen in der Umwelt aus, um die Milch zu Käse zu verwandeln. Ein paar Tropfen Lab beschleunigen den Vorgang. Was heute im Supermarkt selbst als Frischmilch verkauft wird, eignet sich nicht mehr zu dieser Verarbeitung. Wenn diese Ware sauer wird, ist sie verdorben und schimmelt alsbald.

Rezept

Wer jedoch das Glück hat, seine Milch per Kanne ab Hof zu besorgen, kann diese früher alltägliche Prozedur zu Hause nachvollziehen. Nachdem die Milch sauer wurde und geronnen ist, wird sie in ein Sieb gegeben, einen Tag oder zwei reifen gelassen und abgetropft mit der Gabel zerdrückt. Nun gibt es verschiedene Möglichkeiten der Herstellung von Bibiliskäse. Wurde der Rahm für die Butter benötigt, machte man aus der Magermilch die einfache Form des Rohmilchkäses, wie der Bibiliskäse im Amtsdeutsch heißt. Die bessere Form ist die Verarbeitung von Vollmilch. Besonders fein und weniger säuerlich gerät der Schwarzwald-Klassiker, wenn die Milch zuvor entrahmt, der Rahm gekühlt aufbewahrt und diese süße Sahne dann dem fertigen, aus der Magermilch gewonnenen Käse zugegeben wird. Feinstgeschnittene Zwiebeln und frischer Schnittlauch gehören dazu, Kümmel kann sein. Wer seinen Käse als Dessert genießen will, gönnt sich als Beilage ein Gelee von Himbeeren oder Erdbeeren. Bauernbrot aus dem Holzofen und Landbutter bilden für den puren Genuss die richtige Unterlage. Zusammen mit Pellkartoffeln ist ein vollwertiges Abendessen schnell zubereitet, und auf einer Folienkartoffel aus der Glut kommt diese Spezialität geschmacklich bestens zur Geltung. Wichtig ist jedenfalls, dass der Bibiliskäse aus frischer Rohmilch hergestellt wird. Alles andere wäre Quark. Der schmeckt aber auch, wenn man 500 g davon mit 300 g Schichtkäse mischt, 2 EL feingeschnittene Zwiebeln, 2 dl süßen Rahm, schwarzen Pfeffer aus der Mühle und 1 TL Meersalz unterrührt und mit Schnittlauch überstreut. Ins Glas passt Most oder ein trockener Müller-Thurgau.

Profi-Tipp

Brigitte Zapf, Wirtin im Gasthaus „Bleiche" in Offenburg, verfeinert den Bibiliskäse mit einer Prise Muskat und süßer Sahne.

Gallerei: Genuss durch Geduld und Können

Einst gehörte Gallerei, auch Tellersülze oder Gallert genannt, als Spezialität zur Hausschlachtung / Herzhaftes Vesper auf Vorrat

Tellersülze, Gallert oder Gallerei heißt eine Vesperspeise, die früher untrennbar mit der Hausschlachtung verbunden war. Alles, was möglichst lange und relativ frisch an das Schlachtfest erinnerte, erfreute sich großer Beliebtheit. Geräuchertes und in Dosen Eingemachtes hatte man ja das ganze Jahr über, aber Frischfleisch, und eben auch das Gallerei, galten als begehrte, aber leider nicht lange haltbare Abwechslungen auf dem täglichen Speisenplan. Gefriertruhen waren zumindest in Privathaushalten nicht üblich, und Hausgeschlachtetes landete mit dem beginnenden Wirtschaftswunder in den dörflichen Tiefkühlanlagen. Diese sind heute längst verschwunden, aber damals bevorratete sich so die ganze Dorfgemeinschaft. Fürs Gallerei wurden dünngeschnittenes Kesselfleisch, Zunge und Bäckchen mit Gemüse, Gurken und Scheiben von hartgekochten Eiern in einem Suppenteller angerichtet und mit einem klaren, gelatinösen Fond übergossen. Als Zeit noch preiswert und die Töpfe groß waren, kochte man das Fleischgelee, auch Sulz genannt, aus Kalbs- und Schweinefüßen, mit Rinderwade, Kalbsknochen über mehrere Stunden und löste so die Gelatine aus Knochen, Sehnen und Knorpel, die später die Bindung für allerlei Geleegerichte ergab. Heute verwendet man hierzu Aspikpulver aus dem Handel, relativ geschmacklos und mit etwas Geschick genauso gut zu verwenden.

Für 4 Portionen beim Metzger bestellen:

- 250 g Schweinebacken gegart
- 500 g Kassler Rippenspeer
- 250 g Schweinezunge gegart

Weiter werden benötigt:

- 1 Tomatenpaprika
- 2 hartgekochte Eier
- 8 dl Kalbsfond
- 1 dl trockener Müller-Thurgau
- 1 Sträußchen Petersilie, 1 Zwiebel
- 100 g Blattgelatine oder Pulver
- 4 dl Rinderfond
- Aspikpulver
- Vorrätig: Lorbeer, Salz, Pfeffer, Nelken, Knoblauch, Essiggurken, Worcestersauce

Rezept

Für das Gallerei braucht´s 4 Scheiben Backenfleisch à 60 g, 4 kleine Kasslerscheiben à ca. 100 g und eine längs in 4 Scheiben geschnittene Schweinezunge. 800 ml Kalbsfond werden mit 2 TL Salz, 1 Sträußchen Petersilie, einer mit 2 Nelken besteckten Zwiebel sowie 1 dl trockenem Müller-Thurgau, 1 TL Worcestersauce und schwarzem Pfeffer aus der Mühle aufgekocht und zwanzig Minuten ziehen gelassen. Nach Packungsbeilage wird nun die entsprechende Menge Gelatine – Blattware oder Pulver – zugegeben. Jeder Teller wird mit einem dünnen Spiegel aus Aspik versehen und abgekühlt. Darauf legt man je eine Scheibe gekochtes Kassler, Zunge und Backenfleisch und dekoriert mit einer gefächerten Essiggurke und 2 Eischeiben sowie mit einigen Streifchen Tomatenpaprika. Sodann wird mit Aspik aufgegossen, bis alle Zutaten bedeckt sind. Im Kühlschrank geliert das Gallerei innerhalb von 2 bis 3 Stunden und hält sich über mehrere Tage problemlos. Als Beilage dient Bauernbrot.

Profi-Tipp

Emil Kornmaier, Inhaber der gleichnamigen Metzgerei in Biberach, empfiehlt fürs Gallerei einen Schuss Madeira in das Aspik.

Maultaschen, die schwäbische Leibspeise von Rang

Neben Spätzle begründen die handfesten Genüsse in Nudelteig die bodenständige Küchenkultur unserer Nachbarn / Zahlreiche Variationen

Maultaschen sind wie Spätzle ohne Wenn und Aber eine schwäbische Spezialität. Daran beißt keine Maus einen Faden ab, und wenn diese aus Nudelteig und einer Füllung mit unzähligen Variationsmöglichkeiten fester Bestandteil der badischen Küche ist, dann auch deshalb, weil diese Spezialität derer würdig ist. Die Technik, Schmackhaftes in Nudelteig einzupacken, ist indessen international. Man braucht da gar nicht erst die Ravioli und Tortellini zu bemühen – vermutlich vor tausend Jahren und früher köchelten die Chinesen ihre Wan Tan oder Jiaozi. Was soll´s, der Erfolg hat viele Väter, und vor über einem Jahr haben die Schwaben einen Knoten auf die Diskussion gemacht und in der EU die geschützte geografische Angabe gesetzlich hinterlegt. Gewichtigster Grund für den Kauf fertiger Maultaschen ist die Herstellung des Nudelteigs. Diese dauert ein Mehrfaches des eigentlichen Arbeitsvorganges. Seit Nudelteig konfektioniert in Rollen auf dem Markt ist, braucht´s allenfalls eine halbe Stunde, um die selbst zubereiteten Teigtaschen ins Kochwasser legen zu können. Wem das immer noch nicht schnell genug ist, der macht auf die Schnelle Ravielli. Die Leute an der Riviera sparen sich nämlich das Abkleben der einzelnen Portionen mit Eiklar, garen vielmehr den Inhalt separat, belegen damit ein Rechteck aus Nudelteig und klappen es in der Pfanne einfach zu. Aber dann sind es eben keine Maultaschen.

Für 6 bis 8 Portionen:

- 1 kg Nudelteig
- 500 g Hackfleisch vom Rind
- 500 g Kalbsbrät
- 50 g geräucherter Brustspeck
- 2 Brötchen
- 1/4 l Milch
- 4 Eier
- 1 kleine Stange Lauch
- 1 Zwiebel
- 200 g Spinat
- 100 g Butterschmalz

Zu Hause vorrätig:
Meersalz, schwarzer Pfeffer, Majoran

Rezept

1 Kilo Nudelteig hauchdünn auswellen. Zwei in Milch eingeweichte Brötchen ausdrücken und in einer großen Schüssel zerrupfen. 500 g Hackfleisch vom Rind sowie 500 g Kalbsbrät zugeben. In einer separaten Pfanne je 50 g gehackte Zwiebel und Lauch sowie 50 g in kleine Würfelchen geschnittenen Speck anbraten, 200 g Spinat mit weichziehen lassen und alles mit vier Eiern in die Schüssel geben. Gut durchmischen, mit schwarzem Pfeffer, wenig Salz und etwas Majoran würzen, die Masse durch die feine Scheibe des Fleischwolfs drehen. Eine Platte Nudelteig von 100 x 20 Zentimetern mit Eiklar einpinseln, zwei Reihen Häufchen von der Menge 1 gehäuften Esslöffels der Farce gleichmäßig im Abstand von 10 Zentimetern verteilen, eine gleichgroße Nudelplatte auflegen, die einzelnen Häufchen gut abdrücken und mit einem Teigrädchen teilen. In Salzwasser ca. zehn Minuten köcheln lassen, abgießen und mit einer aus feingehackten, in 3 EL Butterschmalz gedünsteten Zwiebelschmälze überziehen.

Profi-Tipp

Martin Zapf, Nudelhersteller in Gengenbach-Schönberg, legt beim Grillen fertige Maultaschen kurz mit auf den Rost.

Das Gleiche, aber nicht dasselbe: Presskopf

Es müssen nicht Austern, Gänseleber oder Trüffel sein: Als Vesper wie auch als Vorspeise ist der alemannische Presskopf eine Köstlichkeit

Dass wir Badener und vor allem Ortenauer unseren Elsässer Vettern einiges verdanken, ist so neu nicht. Schönes Beispiel ist der Presskopf, solcherart aber nur drüben eine Delikatesse. Unter dem gleichen Namen genießt diese wohl nur als Wurst zu bezeichnende Ware hier ein eher mittelmäßiges Renommee. Anders der Presskopf im Sinne unserer Nachbarn. Der adelt ein Festtagsmenü schon als Vorspeise, und je mehr auf Qualität, auf Kochkunst geachtet wird, desto besser schmeckt er. Das Gewinnstreben sollte hier beiseite stehen, was dem ökonomisch orientierten Koch zwar schwerfallen könnte, wenn etwas Billiges außen vor bleiben sollte, weil´s nicht unbedingt reingehört. Aber genau hier unterscheiden sich die Könner vom Spreu. Den Gipfel der Presskopf-Qualität erreichte übrigens ein Metzger aus dem elsässischen Bischheim. Der belieferte einst das „Hailich Graab" mit einem Presskopf, den er mit dem Kochsud aus wöchentlich 150 gekochten Schinken aufgoss. Da erübrigte sich jegliches Bindemittel, ohne das der Presskopf, ein Schwartenmagen schon gar nicht, normalerweise kaum zu festigen ist.

Für 8 Portionen:

- 2 halbe Schweinsköpfe gesalzen
- 1 Kalbsfuß
- 2 Zwiebeln
- 2 Knoblauchzehen
- Je 1 Zweig Thymian und Petersilie
- Frischer Kerbel
- 1/2 l trockener Müller-Thurgau
- Zu Hause vorrätig: Schwarze Pfefferkörner, Korianderkörner, Lorbeerblätter, Nelken, Gelatine

Rezept

Zwei halbe gesalzene blanchierte Schweinsköpfe werden zusammen mit je 6 schwarzen Pfeffer- und Korianderkörnern, 1 Lorbeerblatt, zwei Knoblauchzehen, einer mit zwei Nelken gespickten Zwiebel, je einem Zweig Thymian und Petersilie mit Wasser bedeckt und ca. 2½ Stunden gegart. Dann wird der Kopf entbeint, die Zunge enthäutet und über Nacht zwischen zwei Schneidebrettern, mit einem Wassereimer beschwert, gepresst. Anderntags schneidet man Kopffleisch und Zunge in anderthalb Zentimeter große Würfel, entfettet den Kochsud, reduziert diesen auf die Hälfte und lässt ihn mit 1/2 l trockenem Müller-Thurgau 15 Minuten weiterköcheln. Dann mit je 2 EL gehackter Petersilie und Kerbel sowie 1 feinstgehackten Zwiebel kurz aufkochen lassen. Der Fond sollte einen kalten Löffel sofort überziehen. Bei Bedarf mit Gelatine binden. Wenn zu den benötigten Schweinsköpfen noch ein gespaltener Kalbsfuß in den Sud findet, dürfte es auch ohne Gelatine klappen. Die Fleischwürfel in eine Stollenform geben, den Fond unterrühren und damit aufgießen. Über Nacht kalt stellen. Die Form in Wasser tauchen, stürzen und den Presskopf in Scheiben geschnitten mit Vinaigrette servieren. Dazu passt ein trockener Müller-Thurgau.

Profi-Tipp

Hansjörg Glattfelder, Küchenmeister in Karl Stiglers Partyservice in Ortenberg, empfiehlt eine Prise Muskat auf den gut gekühlten Presskopf.

Der ideale Begleiter nicht nur zum Neuen: Zwiebelkuchen

Ein möglichst üppiger Belag adelt diesen Klassiker / Mit Reißer eine deftige Angelegenheit
Nicht zu verwechseln mit dem Flammenkuchen

Für 10 Portionen:

- 500 g Mehl
- 2 kg Zwiebeln
- 25 g Hefe
- 1 dl Sahne
- 100 g Butterschmalz
- 2 dl saure Sahne 20%
- 5 Eier
- Vorrätig: Meersalz, schwarzer Pfeffer, Muskat, Sonnenblumenöl

Der Zwiebelkuchen ist mit neuem Wein oder mit Apfelmost untrennbar verbunden. Deshalb gehört er zu den typischen Speisen im Schwarzwald und ist in allen Familienküchen und Gaststätten zuhause. Aus diesem Grunde sind auch die Rezepte so unterschiedlich. Seit einem Vierteljahrhundert macht der Flammenkuchen dem Zwiebelkuchen mächtig Konkurrenz. Diese am linken Oberrhein traditionelle Resteverwertung beim Brotbacken hat sich seit den Achtzigern auch bei uns etabliert, wobei die badische Nutzung jenes Stück Teigs, welches für einen ganzen Laib nicht mehr ausreichte, als Datschkuchen auf den Tisch kam. Der wird nicht ausgewellt, sondern mit dem Handballen breitgedrückt, „gedatscht“. Die Zutaten sind die gleichen wie für einen Flammen- und auch Zwiebelkuchen: Zwiebeln, Speck, saure Sahne. Puristen verwenden für den Zwiebelkuchen Brotteig, Feinschmecker wellen Blätterteig aus, andere wieder eine Mischung aus beidem. Ob der Teig mit Öl geschmeidig gemacht wird, ob die Zwiebeln in Butter-, Gänse- oder Schweineschmalz dünsten, das alles macht die Vielfalt dieses Klassikers aus. Auch wird geräucherter Speck dazu verwendet. Doch dann handelt es sich eher um einen Zwiebel-Speck-Kuchen. Wichtig in jedem Falle ist ein möglichst heißer Backofen, nicht unter 250°. Und ein viereckiges Blech, auch Waieblech genannt. So kommen die Zwiebelkuchen auch viereckig auf den Teller, ein Hinweis dafür, dass sie hausgemacht sind.

Rezept

Für einen badischen Zwiebelkuchen werden 25 g Hefe in 3 dl lauwarmem Wasser aufgelöst und mit 500 g Mehl, 5 cl Sonnenblumenöl sowie 10 g Salz zu einem geschmeidigen Teig verknetet. Den lässt man vier Stunden ruhen. Zwei Kilo Zwiebeln werden geschält, geviertelt und in feine Streifen geschnitten. In 4 EL Butterschmalz lässt man die Zwiebeln glasig andünsten, gießt eine Mischung aus 2 dl Sauerrahm (20% Fett), 1 dl süßer Sahne sowie fünf verquirlten Eigelb dazu und verrührt die Masse gründlich. 1 EL Salz sowie schwarzer Pfeffer aus der Mühle und eine Prise Muskat geben die richtige Würze. Der Teig wird auf 2 gefettete Backbleche ausgerollt und die Zwiebelmasse darauf verteilt. Im sehr heißen Ofen gerät der Kuchen in knapp 30 Minuten. Dazu passt Neuer und selbstverständlich auch alter Wein aus der Ortenau.

Profi-Tipp

Patricia Bachmann, Konditormeisterin bei Dreher in Gengenbach, gibt etwas Gemüsebouillon in die Zwiebelmasse.

Suppen oder Eintöpfe

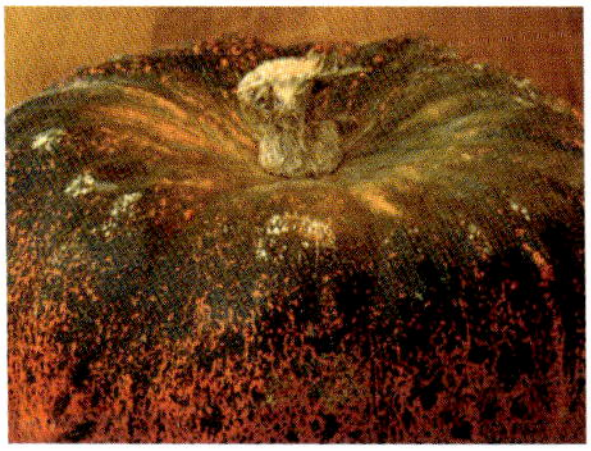

Herbstliche Küche mit Birnen, Bohnen und Speck

Harte und saure Mostbirnen finden hier ein süßes Ende
Im hohen Norden kommen auch Kartoffeln in diesen Eintopf

Eine fast ausgestorbene Köstlichkeit ist das Herbstgericht Birnen, Bohnen und Speck. Im September, wenn die Tage kühler werden, lockt dieser herzhafte Eintopf die Esser zu Tisch. Die Zeit der Sommergerichte ist jetzt vorbei, und in der großen Kasserolle vereinigen sich die Früchte des Herbstes. Ein paar übriggebliebene grüne Bohnen aus dem Garten, ein ordentlicher „Rampen" durchwachsenen Räucherspecks und kleine Birnen, oftmals geringschätzig auch Mostbirnen genannt, geben ein originelles Pendant zum Klassiker „Himmel und Erde" ab. Die zu diesem Gericht gehörenden Birnen sind auch als Kochbirnen im Handel, die sich vor allem durch ihre schier ungenießbare Härte und adstringierende Wirkung auszeichnen. Sie sind klein, grün, steinhart und haben nicht die Süße einer Edelsorte wie Abate oder Williams. Der Speck, der hier verwendet werden kann, ist durchwachsener, geräucherter Schwarzwälder Speck, möglichst von der Seite beim Metzger oder an der Fleischtheke geschnitten. Entscheidender Punkt ist die Lagerung des Specks. Nur der an der Luft gelagerte, auf keinen Fall vakuumierte durchwachsene Speck bringt den zarten Schmelz der butterweichen Fettschicht auf der Zunge. Speck, der – wie heute zunehmend üblich – in der Vakuumfolie hygienisch gelagert wurde, erreicht nach dem Kochen nur eine Art faserig-weiche Zähigkeit.

Für 4 Portionen:

- 750 g grüne Bohnen
- 1 Pfund geräucherter Brustspeck
- 800 g Kochbirnen
- 50 g Butterschmalz
- 1 große Zwiebel
- 2 Knoblauchzehen
- 1 Bund Bohnenkraut

Zu Hause vorrätig:
Meersalz, schwarze Pfefferkörner, Petersilie

Rezept

Eine große Zwiebel wird geschält, gewürfelt und mit zwei zerdrückten Knoblauchzehen in 1 EL Butterschmalz goldgelb angedünstet. Nun gießt man 1 Liter Wasser an, legt ein Pfund geräucherten Brustspeck am Stück in den Topf und lässt etwa eine halbe Stunde zugedeckt leise köcheln. In der Zwischenzeit werden 750 g grüne Bohnen geputzt und gebrochen. Aus anderthalb Pfund kleinen Kochbirnen löst man die Blütenansätze. Der zwischenzeitlich gegarte Speck wird warm gestellt und die Kochflüssigkeit mit schwarzem Pfeffer, eventuell etwas Salz gewürzt. Bohnen und Birnen garen nun für eine halbe Stunde in diesem Kochfond. Zwei oder drei Zweigchen Bohnenkraut fördern das Aroma. Sobald Gemüse und Obst gar sind, diese ebenfalls zur Seite stellen und die Flüssigkeit auf großer Flamme ein Drittel einkochen. Birnen, Bohnen und Speck in einer Schüssel damit übergießen und mit gehackter Petersilie bestreuen. Als Beilage eignen sich Salzkartoffeln.

Profi-Tipp

Heinz Litterst, kulinarische Kompetenz in der Ortenau, empfiehlt als Würze frisch gemörserte Korianderkörner in Traubenkernöl.

Ohne Bohnensuppe fällt in der Ortenau die Fasnacht aus

Deftige Suppen stärken nicht nur den Narren / Je kräftiger die Kalbsbrühe, desto feiner das Ergebnis / Dosen- und Trockenware gleichermaßen erlaubt

Für 6 Portionen:

- 3 große Büchsen weiße Bohnen
- 2 kg Kalbsknochen
- 100 g geräucherter Brustspeck
- 500 g Karotten, 1 Knolle Sellerie
- 2 Stangen Lauch
- 6 Knoblauchzehen, 2 Zwiebeln
- Vorrätig: Meersalz, schwarzer Pfeffer, Butterschmalz, Lorbeerblätter, Bohnenkraut

Neben „Suuri Buhne“ ist die Suppe aus den getrockneten Bohnenkernen häufigste Verwendungsform dieses Gemüses. Fasnacht ist die hohe Zeit der Bohnensuppen, und Offenburg nennt sich über die tollen Tage Bohneburg, nicht zuletzt wegen der Speisung der vielen Narren in den Morgenstunden des Schmutzigen Donnerstags. Orthodoxe Köche bestehen auf getrockneten Kernen, die dann über Nacht eingeweicht werden. Ob´s dem Geschmack dient, ist zweifelhaft, weil die Suppe recht lange kochen muss, um die richtige Konsistenz zu erhalten. Gute Büchsenware tut´s ebenfalls, und schneller geht´s obendrein. Wem die ganzen Bohnenkerne durch die Haut zu spelzig erscheinen, der passiert einen Großteil durch ein Sieb, besser durch die „Flotte Lotte“. Diese etwas zeitraubende Arbeit kann vorab separat erledigt werden. Wichtig ist Kalbsfond zum Aufgießen der Suppe. Einfache Bouillon oder gar Wasser ergeben nur ein sehr bescheidenes Ergebnis. Fälscher oder Plagiatoren, die sich diverser Pülverchen oder anderer industrieller Geschmackshilfen bedienen, werden mit größter Wahrscheinlichkeit gnadenlos entlarvt. Eine solche Schande sollte man sich als anständiger Wirt oder Gastgeber nicht antun.

Rezept

Für 3 Liter Suppe kocht man aus 2 Kilo Kalbsknochen, 2 geviertelten Karotten, 1/2 Sellerieknolle und 2 Zwiebeln sowie 2 Lorbeerblättern und 3 Litern Wasser einen kräftigen Kalbsfond. In einem großen Topf zerlässt man nun 3 EL Butterschmalz und dünstet darin je eine Tasse feinstgewürfelten Sellerie, Karotte, Lauch sowie geräucherten Brustspeck in feinen Streifen und sechs zerdrückte Knoblauchzehen an. Dieses – Brunoise genannte – Röstgemüse wird mit dem Kalbsfond aufgegossen. Zwei Büchsen Bohnen werden mit dem Handmixer püriert und durch ein Sieb in den Topf gegeben. Zum Pürieren gießt man die Bohnen in eine Schüssel und gibt etwas Wasser hinzu. Nun wird die Suppe mit frisch gemahlenem schwarzem Pfeffer, 1 EL Bohnenkraut und vorsichtig mit Salz gewürzt, je nach Salzgehalt des Specks, der sich beim Kochen erst nach einiger Zeit bemerkbar macht. Die Suppe sollte eine halbe Stunde köcheln, regelmäßig umgerührt und abgeschäumt werden. 10 Minuten vor dem Servieren gießt man eine weitere Büchse ganze Bohnenkerne als Einlage an.

Profi-Tipp

Erich Schmid, Chef im „Tritschler“ in Offenburg, gibt dünne Scheiben von Bauernbratwürsten in die Bohnensuppe.

Links und rechts des Oberrheins zuhause: Baeckeoffe

Gemeinsames Erbe alemannischer Küche / Kochkunst und Sparsamkeit unserer Altvordern
Lamm, Rind und Schwein in einem Topf

Eines der Traditionsgerichte des linken, aber auch rechten Oberrheins schlechthin ist der Baeckeoffe. Die Namensschöpfung ist so originell wie einleuchtend. Das unverzichtbare Geschirr, die ovale Tonterrine aus dem Nordelsass, wurde am Vorabend des Waschtags mit den Zutaten gefüllt, am anderen Morgen beim benachbarten Bäcker nach dem Brotbacken in den noch heißen Ofen geschoben und als fertiges Mittagessen zuhause aufgetragen.

Für 6 Portionen:

- Je 1 Pfund Rinderwade, Schweinehals und Lammschulter
- Je 1 Pfund Zwiebeln und Karotten
- 1 Knoblauchknolle
- 1 Pfund Kartoffeln
- Brotteig
- 1 l trockener Müller-Thurgau
- Thymian, Majoran
- Vorrätig: Meersalz, Butterschmalz, schwarzer Pfeffer, Lorbeerblätter, Nelken

Rezept

Je 1 Pfund in Würfeln von ca. 5 cm geschnittene Rinderwade, Schweinehals und Lammschulter werden zusammen mit vier in dünne Ringe geschnittenen großen Zwiebeln, einem Pfund längs geviertelten und dann in Stücke von 5 cm quer geteilten Karotten sowie einer quer halbierten Knoblauchknolle in eine Schüssel gegeben und mit trockenem Müller-Thurgau aufgegossen. Fürs Aroma sorgt ein Thymianzweig, eine mit drei Nelken gespickte kleine Zwiebel und zwei große Lorbeerblätter. Das Ganze mariniert jetzt mit etwas Salz und Pfeffer mindestens einen Tag vor sich hin. Ein Pfund gewaschene und geschälte, fest kochende Kartoffeln werden in fünf Milimeter dünne Scheiben geschnitten und diese nochmals in fließendem Wasser durchgespült. Eine Steingutterrine mit Deckel wird mit Butterschmalz ausgerieben und der Boden mit einer Lage Zwiebelringe belegt. Darauf kommen die abgetropften Fleischstücke aus der Marinade, darauf wieder eine Schicht Zwiebelringe und darüber die erste Portion Kartoffelscheiben. Diese würzt man mit schwarzem Pfeffer aus der Mühle sowie mit gerebeltem Majoran. Dann kommt wieder eine Schicht Zwiebelringe, eine Lage Fleischwürfel und obenauf die restlichen Kartoffelscheiben. Mit der Marinade gießt man bis zu den Kartoffeln an, steckt die gespickte Zwiebel seitlich in die Terrine und legt darauf die Lorbeerblätter und den Thymianzweig. Jetzt bringt man den Inhalt der Terrine auf dem Herd zum Kochen, legt den Deckel auf, verklebt den Rand mit einer Rolle Brotteig vom Bäcker oder der Holzofenbäckerei und schiebt den Baeckeoffe für vier Stunden in den vorgeheizten Backofen, bei mittlerer Hitze. Wer den Kartoffelscheiben etwas Farbe verleihen möchte, kann den Deckel für die letzte Viertelstunde der Garzeit abnehmen. Ins Glas gehört der gleiche Wein, mit dem das Fleisch mariniert wurde.

Profi-Tipp

Gertrud Schwörer, Wirtin im „Kranz" in Ohlsbach, gart einen halbierten Schweinsfuß im Baeckeoffe mit.

Gemüseeintopf kommt selten aus nur einem Topf

Jedes Land kennt seine typischen Eintopfgerichte / Der Klassiker erfordert Erfahrung und präzise Garzeiten / Kräftige Fleischbrühe

Eintopf, das ist ein weiter Begriff nicht nur im Badischen. Gaisburger Marsch, Pichelsteiner oder Leipziger Allerlei, das ist gesamtdeutsches Küchenerbe. Eigentlich ist der Herbst die große Zeit des Eintopfs. Doch bietet der Markt auch zum Ausklang des Winters alle Zutaten, die einen Gemüseeintopf ausmachen: verschiedene Kohlsorten, Kartoffeln, Möhren, Zwiebeln, Lauch und Sellerie, Linsen und Bohnen. Das Prinzip ist fast immer gleich. Es braucht eine kräftige Fleischbrühe, einen großen Topf, Zeit und Geduld. Und das Wissen um die Garzeiten der verschiedenen Zutaten. Obwohl der Eintopf dann seinen Namen eigentlich nicht mehr verdient, empfiehlt es sich, die verschiedenen Gemüse, Fleisch und sonstige Einlagen wie Kartoffeln oder Teigwaren getrennt zu garen. So lässt sich alles mit Biss im richtigen Moment zusammenstellen.

Für 4 Portionen:

- 1 Kilo Rinderbug
- 2 Markknochen
- 3 Karotten
- 1 Selleriestaude
- 2 Knoblauchzehen, 2 Zwiebeln
- 2 Liter Fleischbrühe
- 3 Petersilienwurzeln
- 2 Pastinaken
- 1 kleiner Kopf Wirsing
- 3 Navets (weiße Rübchen)
- 500 g Kartoffeln
- 2 Stangen Lauch

Vorrätig: Meersalz, schwarzer Pfeffer, Butterschmalz, Muskat, Lorbeer, Petersilie

Rezept

Für einen Eintopf für vier Personen braucht´s 3 große Karotten, 3 weiße Rübchen – auch Navets genannt – 1 Pfund Kartoffeln, einen kleinen Wirsingkohl, 2 Zwiebeln, 2 Knoblauchzehen und 2 Stangen Lauch sowie Selleriekraut. Wenn erhältlich, kommen noch 2 Pastinaken und 3 Petersilienwurzeln dazu. Diese schneidet man mit den Karotten, Rübchen und Lauch in mundgerechte Stücke. In 1 EL Butterschmalz lässt man die feingehackten Zwiebeln und die zerdrückten Knoblauchzehen andünsten, gibt die Wurzelgemüse dazu und lässt zum Schluss den in Streifen geschnittenen Wirsing, ein EL feingehacktes Selleriekraut und den in Ringe von 2 cm zerteilten Lauch mit angehen. Mit 2 l Fleischbrühe, in der zuvor 1 Kilo Bugblatt vom Rind gegart wurde, aufgießen, salzen und mit schwarzem gemörsertem Pfeffer würzen. Das Fleisch in Alufolie warm halten. 2 blanchierte Markknochen, ein Lorbeerblatt und ein Petersiliensträußchen geben zusätzlich Aroma und werden vor dem Anrichten entfernt. Die Gemüse sollten in etwa einer halben Stunde gar sein. Zur gleichen Zeit die in Würfel von 1 cm geschnittenen Kartoffeln in Salzwasser etwa 10 Minuten garen und anschließend heiß abbrausen. In einer großen Schüssel vereinigen sich die Kartoffeln, die Gemüse und das ebenfalls in Würfel zerteilte Bugblatt. Kochend heiße Brühe wird nach Bedarf aufgefüllt. Einer Beilage bedarf es nicht; das passende Getränk wäre ein Ortenauer Müller-Thurgau trocken.

Profi-Tipp

Stefan Laier, Küchenchef im Landgasthaus „Krone“ in Ortenberg, gibt getrockneten Liebstöckel in den Gemüseeintopf.

Kürbis: ein herbstliches Schwergewicht

Der Einwanderer aus Mittelamerika hat sich bei uns fest etabliert
Zahlreiche Sorten auf dem Markt

Der Kürbis hat sich in den letzten Jahren im kulinarischen Geschehen unserer Region festgesetzt. Eigentlich ist er traditionelle Beilage zu gekochtem Rindfleisch, in diesem Falle sauer eingelegt. Ansonsten galt er eher als Viehfutter, denn Kürbis wächst problemlos zu riesigen und somit recht ergiebigen Früchten heran. Er ist mit den Gurken und Melonen verwandt und stammt ursprünglich aus Mittelamerika. Zur Familie der Kürbisgewächse gehören auch die Zucchini. Der Kürbis ist in unserer Naturheilkunde mit seinen Kernen präsent, die viel ätherisches Öl enthalten, welches Salaten ein köstliches Aroma vermittelt. Neben den erwähnten sauer eingelegten Kürbisstückchen wird auch gerne ein delikates, süßsaures Kompott aus dem Fruchtfleisch zubereitet, mit Ingwer und Nelken gewürzt. Am ehesten finden die Feinschmecker den Kürbis aber in Form einer Suppe in unseren Gasthäusern. In Frankreich gehört diese Köstlichkeit seit jeher zum festen Bestandteil der Küche, der große Nationalkoch Paul Bocuse serviert diese im ausgehöhlten Kürbis. Die Kinder dagegen interessiert die große gelbe Kugel vielmehr als Laterne, wenn diese, ausgehöhlt, mit einem schaurig schönen Gesicht, auf der Gartenmauer die Vorbeigehenden amüsiert oder erschreckt. Das heißt aber nicht, dass das ausgehöhlte Fruchtfleisch nicht trotzdem für eine Suppe verwendet werden kann.

Schwarzwälder Kürbiscreme

Für 4 Portionen:

- 1 Pfund Kürbisfleisch
- 2 Schalotten
- 1/4 l trockener Müller-Thurgau
- 400 ml Hühnerfond
- 50 g Butterschmalz
- 4 dl Schlagsahne
- Toastbrot für Kracherle
- Zu Hause vorrätig: Meersalz, schwarze Pfefferkörner, evtl. Kürbiskernöl

1 Pfund Kürbisfleisch ohne Schale wird von den Kernen befreit und in Würfel geschnitten. In einer Kasserolle zerlässt man 2 EL Butterschmalz und schwitzt darin eine Tasse feingeschnittene Schalotten an. Dazu gibt man die Kürbiswürfel, lässt diese ebenfalls leicht angehen und gießt mit 400 ml gut gewürzter Hühnerbrühe und 2 dl trockenem Ortenauer Müller-Thurgau auf. Das Ganze soll auf kleiner Flamme etwa eine halbe Stunde köcheln. Wenn die Kürbiswürfel weich sind, werden sie mit dem Mixstab püriert oder durch die Gemüsemühle passiert. Nun rührt man 2 dl Schlagsahne unter, salzt vorsichtig, würzt mit frisch gemörsertem/gemahlenem schwarzem Pfeffer und lässt die Suppe nochmals aufkochen. Kurz vor dem Auftragen schlägt man 2 dl Sahne steif und zieht sie unter die heiße Kürbiscreme. Diese wird mit frisch gehackter Petersilie und mit „Kracherle“, gerösteten Brotwürfeln, aufgetragen.

Profi-Tipp

Klaus Armbruster, Chef im „Pfeffer und Salz“ in Gengenbach, gibt einen Löffel Kürbiskernöl in die Kürbiscreme.

Markklößchen sind nicht nur in Baden beliebte Einlage

Sowohl allein als auch zusammen mit Flädle und Eierstich ist die Suppeneinlage aus Rindermark würdige Einleitung für festliche Menüs

Wenn in der Ortenau, ob im Ried, im Hanauerland oder in den Tälern des Schwarzwaldes, von einer Festtagssuppe die Rede ist, dann sind mit Sicherheit Markklößchen im Spiel. Diese urbadische, besser alemannische Köstlichkeit kennt vermutlich jeder, und gleichermaßen ist fast jeder schon mal angegangen. Kaum eine kulinarische Spezialität wird namentlich mehr missbraucht als das kalorienträchtige Bömbchen, dem nur beste Fleischbrühe gerecht wird. Doch die feinste Consommé nützt nichts, wenn die Einlage nichts taugt, und das ist fast zwingend der Fall, wenn sie nicht hausgemacht ist, ob vom Metzger, vom Koch oder von der Hausfrau. Industrieware ist durch die Abdrücke der Plastikverpackung schnell entlarvt, da spart man sich das Probieren besser. Die Aufbewahrung in der Tiefkühltruhe wiederum schadet kein bisschen, was die Produktion auch in größeren Mengen wirtschaftlich macht. Die Bouillon kann durch erstklassige Grünkernsuppe, möglichst unter Verwendung von Kalbsknochenbrühe, ersetzt werden. Klassisch ist das nicht unbedingt, und in die Bollensuppe, in der da und dort Markklößchen serviert werden, gehören eigentlich Kugeln von Wurstbrät. Aber das bleibt dem Genießer überlassen. Die Festtagssuppe, wie sie allenthalben zu besonderen Anlässen kredenzt wird, enthält neben Markklößchen auch feine dünne Flädle sowie Eierstich, beides für sich Suppeneinlagen seit alters her. Pro Tasse oder Teller rechnet man dann 3 Klößchen; solo sollten es fünf sein. Mark hält sich übrigens gekühlt im Knochen problemlos über längere Zeit.

Für 40 Markklößchen:

- 50 g Rindermark
- 60 g Butter
- 2 kleine Eier
- 50 g Weckmehl von Weißbrot
- 1 Zwiebel
- 1 Bund Petersilie
- 1 Bund Schnittlauch

Vorrätig:
Meersalz, schwarze Pfefferkörner, Muskat

Rezept

50 g gut gewässertes und mit 1 EL eiskaltem Wasser mit einer Gabel durchgeknetetes Rindermark wird abgegossen und mit 50 g mild gesalzener Butter schaumig gerührt. Nun gibt man 2 kleine Eier dazu und arbeitet 50 g Weckmehl (Weißbrot), 1 TL in 10 g Butter angeschwitzte Zwiebel sowie 2 TL feinst gehackte glatte Petersilie, eine Prise schwarzen, frisch gemörserten Pfeffer und etwas Muskat darunter. Nun formt man nicht zu große gleichmäßige Klößchen, stellt diese eine halbe Stunde kalt und lässt sie so lange in nicht kochendem Salzwasser sieden, bis sie an die Oberfläche kommen. In heißer Fleischbrühe mit feinst geschnittenem Schnittlauch bestreuen und sofort auftragen.

Profi-Tipp

Andreas Schmider, Koch im „Mercyschen Hof“ in Gengenbach, gibt fein gehacktes Koriandergrün in die Markklößchenmasse.

Feinstes aus der Tasse: Badische Schneckensuppe

Eine kulinarische Wuchtbrumme / Weinbergschnecken stehen unter besonderem Schutz Zuchtware auch aus Deutschlands Südwesten

Auch wenn es viele deutsche Feinschmecker glauben: Schnecken sind nicht etwa erst nach dem letzten großen Krieg mit den respektlos als „Schneckenfresser“ bezeichneten französischen Besatzern ins Land gekommen. Vielmehr züchteten schon die alten Römer dieses etwas gewöhnungsbedürftige Kriechtier. Zwischen Atlantik und dem Baltikum, zwischen Skandinavien und den romanischen Ländern ist der gehörnte Salatliebhaber als Delikatesse in der jeweiligen Landesküche heimisch. Während in Italien das Tier als Ragout, in Frankreich ebenso im Kächele serviert wird, kennt man vor allem im alemannischen Sprachraum die Burgunder Weinbergschnecken, als solche mit Kräuterbutter ähnlicher Schneckenbutter im Häuschen aufgetragen. Wer die badische Schneckensuppe erfunden hat, lässt sich im Nachhinein kaum mehr feststellen. Sicher ist, dass diese Spezialität des Ritterwirts in Durbach schon vor Jahrzehnten als Köstlichkeit galt. Dabei ist es relativ einfach, zuhause eine Schneckensuppe zuzubereiten. Es braucht nur die besten Zutaten, dann kann fast nichts schiefgehen. Weil die Weinbergschnecken geschützt sind, bleibt hier nur der Griff zur Dose. Das erspart dafür die nicht einfache Prozedur des Schneckenputzens.

Für 6 Portionen:

24 Weinbergschnecken
1 Karotte, 1/2 Sellerieknolle
2 Schalotten, 1 Knoblauchzehe
4 dl Kalbsfond, 2 Eier
2 dl Sahne, 2 dl Crème fraîche
10 g getrocknete Steinpilze
trockener Riesling
Vorrätig: Meersalz, Butterschmalz, weißer Pfeffer, Muskat, Petersilie, Cognac

Rezept

In einem Topf zerlässt man 1 EL Butterschmalz, dünstet darin je 1 EL in feinste Streifen und dann in Würfelchen geschnittene Karotten und Sellerieknolle, so genannte Brunoise, sowie 1/2 Tasse eingeweichte, dann kleingeschnittene Steinpilze, eine zerdrückte Knoblauchzehe und zwei Dutzend halbierte Weinbergschnecken aus der Dose kurz und scharf an. Dann gibt man 2 EL Schalotten hinzu, löscht mit einem Schuss trockenem Riesling ab, gießt mit dem Sud der Schnecken sowie mit 4 dl Kalbsfond und mit 2 dl Crème fraîche auf und lässt alles 10 Min. köcheln. Salz, weißer Pfeffer aus der Mühle, etwas Muskat sorgen für Würze. Kurz vor dem Servieren rührt man eine Mischung aus 2 dl Sahne und 2 Eigelb unter, lässt die Suppe nochmals an den Siedepunkt kommen und bestreut mit feingehackter Petersilie. Wer´s besonders exquisit möchte, gibt an die fertige Suppe einen Spritzer Cognac und gratiniert sie für 3 Minuten unterm heißen Grill im Backofen. Ins Glas passt eine trockene Ortenauer Riesling Auslese oder ein Grauburgunder.

Profi-Tipp

Gerhard Hummel, Chef in der Gengenbacher „Reichsstadt“, gibt einen Spritzer Pastis in die Schneckensuppe.

Erfrischend an heißen Tagen: Eiskalte Sommersuppe

Süße oder gewürzte Kaltschalen gibt es auf der ganzen Welt
Hier ist der Pürierstab Trumpf / Am längsten dauert das Kühlen

Kalte Suppen haben im Sommer Hochsaison. Für Badener ist der Begriff Kaltschale eher ungewohnt, aber rund um Berlin erfreut sich diese Sommerspezialität großer Beliebtheit, besonders mit Bier. Und die berühmte Berliner Weiße ist im Grunde nichts anderes als eine Hopfenkaltschale, wie der Gerstensaft gerne scherzhaft bezeichnet wird. International gibt es wohl so viele kalte wie warme Suppen. Durchpassierte Avocados mit Hühnerbrühe, Zitrone und Cayennepfeffer, kalte Gurkencremes, Knoblauchsuppe mit Trauben, Sauerampfersuppe, Kirschkaltschalen, aber auch Fischsuppen sind nur eine kleine Auswahl solcher erfrischender Sommerspezialitäten. Und zur Beerenzeit sind besonders bei unseren Nachbarn die „Soupes aux fruits rouges“ beliebte Köstlichkeiten, vor allem als Nachspeise, und dann gerne mit Schampus oder Sekt aufgegossen. Berühmt ist die Vichyssoise, eine kalte Püreesuppe aus Lauch und Kartoffeln. Wer mal in Spanien war, kennt sicherlich den Gazpacho. Unsere Hofgärten, die Bauernmärkte, bieten in den Sommermonaten Tomaten und Gurken, wie sie im Aroma sonst das ganze Jahr nicht zu finden sind. Aus diesen wird die Sommersuppe zubereitet. Die Flusskrebse dazu sind im Schwarzwald rar geworden und stehen unter Naturschutz. Langustinos oder Crevetten sind akzeptabler Ersatz.

Für 4 Portionen:

- 1 Pfund Tomaten
- 1 Knoblauchzehe
- 2 Schalotten
- 1 rote Paprika
- 1 große Salatgurke
- 4 dl Gemüsefond oder Fleischbrühe
- 12 Flusskrebse oder Crevetten
- 1 Zitrone
- 4 EL Olivenöl bzw. 4 EL Distelöl

Zu Hause vorrätig:
Meersalz, schwarzer Pfeffer, Tabasco

Rezept

Ein Pfund Tomaten wird enthäutet und entkernt, eine große Salatgurke geschält und in Stücke geschnitten. In einer tiefen Schüssel mit dem Schneidstab oder direkt im Mixer püriert man beides zusammen mit einer zerdrückten Knoblauchzehe, einer roten Gemüsepaprika und 2 Schalotten sowie 4 dl Gemüsefond oder Fleischbrühe. Die Masse wird durch ein feines Sieb passiert, mit Salz, evtl. etwas Hefewürze, schwarzem Pfeffer aus der Mühle und einem Spritzer Tabasco gewürzt und im Kühlschrank über drei Stunden gekühlt. Kurz vor dem Servieren werden pro Portion drei Crevetten geschält, gesalzen, gepfeffert und in Olivenöl beidseitig angebraten. Die Suppe wird nun mit vier Esslöffel Distelöl oder feinstem Olivenöl mit dem Handmixer schaumig aufgeschlagen, in Teller gegeben, mit Schnittlauch überstreut und mit den heißen Crevetten dekoriert. Dazu passt Baguette und ein badischer Spätburgunder Rosé.

Profi-Tipp

Jürgen Frey, Chef des Willstätter Cateringunternehmens „Feste vom Feinsten“, spießt die Crevetten für die Sommersuppe auf Zitronengrasstängel.

Beilagen, Gemüse und Salate

Endivien, Chicorée, Eskariol oder Radicchio – alles ein Verein

Ob als Salat, als Kaffeeersatz oder als Gemüse – Endivien sind in der Küche vielseitig verwendbar / Möglichst junge und bleiche Köpfe verwenden

Chicorée oder Endivie – die babylonische Sprachverwirrung macht auch bei diesen Abkömmlingen der Wegwarte nicht halt. Für den Grenzgänger lässt sich´s auf einen einfachen Nenner bringen: Chicorée sind drüben „Endives“ und umgekehrt. Eskariol heißt die Gemüse- und Salatpflanze in Österreich, und der italienische Vetter Radicchio kommt als rötliche Variante meist aus der Pfanne auf den Tisch. Apropos Pfanne: Während in der neueren Zeit hierzulande Endivie, vor allem die Sorte Frisée, als Salat serviert wird, kannte schon Urgroßmutter die gedämpfte Spielart, in Saucen, als Gratin oder mit Speck in der Pfanne gegart. Als Salat übrigens gilt er selbst orthodoxen Gourmets als die wohl einzige Entschuldigung, wenn Julius Maggis Allerweltswürze ins Spiel kommen darf. Allenfalls die Ostereier in der Kneipe dürfen solcherart veredelt werden, wenn Puristen nach dem dritten Bier auch mal schwach werden. Endivienwurzel war noch vor wenigen Jahrzehnten als Zichorie in fast aller Munde, und zwar im Blümchenkaffee der Nachkriegszeit, als echter Bohnenkaffee mangels Masse mit dem farbkräftigen Pulver aufgepeppt wurde. Diese aus gerösteten Endivienwurzeln gewonnene Substanz kam aus Italien über Deutschland auch nach Frankreich und wird dort heute noch zum Frühstück gerne genossen. Friséesalat steht mittlerweile dem Löwenzahn kulinarisch fast gleichwertig zur Seite, wobei die Zubereitung der des „Pissenlit“ in etwa entspricht, mit gebratenen und mit Balsamico und Weinessig abgelöschten Speckstreifen, mit Kracherle und Vierteln von gekochten harten Eiern. Als Gemüse bietet sich die Zubereitung „Gedämpfte Endivie“ an.

Für 4 Portionen:

2 Endivienköpfe
1 Liter Kalbsfond
40 g Butter
40 g Mehl
2 dl Crème fraîche

Zu Hause vorrätig:
Meersalz, schwarze Pfefferkörner, Muskat

Rezept

Zwei Köpfe Endivie werden von den grünen äußeren Blättern und Strünken großzügig befreit und in drei Litern Wasser und drei EL Meersalz fünf Minuten blanchiert. Anschließend lässt man sie abtropfen und presst das Kochwasser aus. Die Blätter werden nun in 1 Zentimeter breite Streifen geschnitten. Aus 40 g Butter und 40 g Mehl bereitet man in einer Gusseisenkasserolle eine blonde Schwitze, kocht diese mit 1 Liter Kalbsfond aus, gibt die Endivienstreifen dazu und würzt mit Muskat und schwarzem Pfeffer aus dem Mörser. Nun lässt man alles bei schwachem Feuer zugedeckt eine bis anderthalb Stunden köcheln. Nach Geschmack mit 2 dl Crème fraîche verfeinern.

Profi-Tipp

Axel Armbruster, Chef in der „Pfeffermühle“ in Gengenbach, verfeinert die gedämpften Endivien mit Kürbiskernöl.

Ein gesamtdeutsches Gericht: „Himmel und Erd"

Einst ein Arme-Leute-Essen, kommt dieser Klassiker nicht nur in Baden besonders im Herbst auf den Tisch / Auch mit Speck, Blut- und Leberwurst

Ein gesamtdeutsches Essen, das besonders im Schwarzwald eine Heimat hat, ist die Vereinigung von Äpfeln und Kartoffeln. Himmel und Erd (im Rheinland: Himmel un Ääd) ist ein traditionelles Gericht, entweder aus Stampfkartoffeln und Apfelmus wie im Rheinland oder aber mit gewürfelten Bouillonkartoffeln, die ihrerseits schon kräftigen Geschmack beisteuern. Angeblich ist das Gericht seit dem 18. Jahrhundert bekannt, aber angesichts der bereits im Mittelalter weit entwickelten Kochkunst dürfte dieses Rezept schon viel früher deutsche Töpfe gefüllt haben. Seinen Namen erhielt es von der früher verbreiteten und auch heute noch in verschiedenen Regionen gängigen Bezeichnung Erdapfel für Kartoffel, so dass „Himmel" für die Äpfel an den Bäumen und „Erde" für die Äpfel in der Erde als Hauptbestandteile des Gerichts stehen. Am Oberrhein nimmt man traditionell frische Kartoffeln und frische Äpfel, vorzugsweise Boskoop, die gewürfelt, gekocht, aber nicht unbedingt gestampft werden. Als Anreicherung kommt hierzulande noch Blutwurst dazu. Durchwachsener Speck gibt sein Aroma ebenfalls bei. Wem der Eintopf nicht Sache ist, der kann natürlich Äpfel und Birnen sowie die eventuelle Fleischeinlage getrennt servieren. Original ist das natürlich im Badischen nicht, aber wer die Mischung selbst bestimmen möchte und ausgesprochen feine Tischmanieren bevorzugt, kann sich so wie im Gourmettempel mit der grundsoliden Spezialität verköstigen. Die Rezepte sind so verschieden wie die Landschaften unserer Republik, und ein Münchner Koch verstieg sich auch schon in eine Variante mit gebratener Gänseleber. Bei uns dürfte die nachstehende Zubereitung wohl häufiger sein:

Für 4 Portionen:

1 kg Boskoop
1 kg neue Kartoffeln
1/2 l Bouillon
20 g Butter
1 Zitrone
Vorrätig: Meersalz, Muskat, Zucker

Rezept

1 kg geschälte neue Kartoffeln werden gewürfelt und in leicht gesalzenem Wasser oder einer nicht zu kräftigen Bouillon eine halbe Stunde weich gegart. Anschließend drückt man sie entweder durch die Presse oder zerquetscht sie mit dem Kartoffelstampfer. Mit Muskat und 1 EL Butter verfeinern. Währenddessen kocht die gleiche Menge Äpfel, ohne Kerngehäuse in Stücke zerteilt, mit 1 EL Zucker, dem Saft einer halben Zitrone und etwas Wasser so lange, bis die Apfelstücke zerfallen. Je nach Geschmack wird das Gericht mit gebratener Blutwurst, gerösteten Zwiebeln und auch Speck oder gebratener Leberwurst serviert.

Profi-Tipp

Stefan Laier, Küchenchef im Landgasthaus „Krone" in Ortenberg, würzt „Himmel und Erd" mit frisch gemörsertem Piment.

Der Lauch ist ganzjährig ein beliebtes Gemüse

Bereits die alten Ägypter schätzten diese Speise / Kaiser Nero galt als „Lauchfresser"
Reich an Vitaminen und Spurenelementen

Zum wenigen Gartengemüse, welches sich zum Jahresanfang noch ernten lässt, gehört auch der Winterlauch oder -porree. Längst hat er im Frost seine Schärfe verloren, und zusammen mit Kartoffeln oder Karotten ergibt er einen frischen, kräftigen Gemüseeintopf auch in der kalten Jahreszeit. Reich an Vitamin C, an Folsäure und Vitamin K sowie an wertvollen Spurenelementen wie Magnesium, Kalium und Eisen, wirkt die Schwefelverbindung Allicin antibakteriell und antioxidativ. Peinlich sorgfältiges Putzen ist angesagt, und die dunkelgrünen Blätter eignen sich allenfalls als Suppenkraut. Lauchgratin, der zusammen mit Fleischküchle, mit Rinderbraten oder auch für sich allein eine köstliche Mahlzeit darstellt, sollte im Sommer aus relativ dünnen Stangen zubereitet werden. Hartfaseriges, welkes Grün wird dabei abgeschnitten. Als Vorspeise werden die weichen Stangen mit Olivenöl und feinstem Weinessig angerichtet. Auch alter Balsamico passt hier gut. Aus den weißen und hellgrünen Teilen lassen sich auch Püreesuppen herstellen, wie sie zusammen mit Kartoffeln als „Potage Parmentier" – eisgekühlt als Vichyssoise – die französische Suppenküche berühmt gemacht haben.

Für 4 Portionen:

- 4 Stangen Lauch
- 1 Liter Fleischbrühe
- 50 g Butterschmalz
- 2 dl Sahne
- 1 Ei
- 150 g gekochter Schinken
- 1 Sträußchen Petersilie

Vorrätig: Zwiebel, Knoblauch, Meersalz, schwarze Pfefferkörner, Muskat, trockener Weißwein

Rezept

In einem großen Topf werden in 2 EL Butterschmalz etwa 8 Tassen geputzter und in Ringe geschnittener Lauch zusammen mit 1 Tasse feingehackten Zwiebeln und 1 durchgedrückten Knoblauchzehe angedünstet. Das Gemüse löscht man mit 1 Liter Fleischbrühe ab. Auf mittlerer Hitze kocht nun der Lauch weich und wird sodann mit dem Pürierstab des Handmixers püriert. Jetzt ist die Suppe eigentlich schon fertig und braucht zur Verfeinerung nur noch 1 dl Sahne und 5 cl trockenen Weißwein. Würze steuern Salz, schwarzer Pfeffer aus dem Mörser sowie Muskat und gehackte Petersilie bei. Mit 150 g Schinken, in Würfel geschnitten und in Butter gedämpft, wird daraus eine komplette Mahlzeit. Wer die Suppe besonders fein zubereiten möchte, verquirlt 1 dl Sahne mit 1 Eigelb und rührt diese Mischung unter die heiße, nicht mehr kochende Brühe. Als Einlage eignen sich auch knusprig ausgebackene Brotwürfelchen, Kracherle, und in Butter angedünstete Speckstreifen. Für kalte Winterabende darf diese Lauchsuppe auch mit 1 EL Käse pro Tasse bestreut und überbacken werden.

Profi-Tipp

Klaus Armbruster, Chef im „Pfeffer und Salz" in Gengenbach, verfeinert die Lauchsuppe mit Olivenöl extra vergine.

Linsen: Nicht nur mit Spätzle und Saitenwürstle

Das altbiblische Gericht ist längst zum Standard der feinen Küche avanciert
Vergessene Züchtungen wieder aktuell

Linsen sind Grundnahrungsmittel auch in der Küche des Südwestens der Republik. Wie so vieles wurden sie unter Wert gehandelt, oft zu Pampe verkocht oder mit Mehlschwitze verkleistert. So sehr das Herz nicht nur der Schwaben für „Lensa met Saitewörschtla“ schlägt, so hat diese preiswerte Leguminose mehr verdient, als nur im Eintopf zu landen. Auch das Leibgericht unserer Vettern kann mit einem guten Rotwein zur Hochform auflaufen. In der Grande Cuisine sind seit einigen Jahren die Linsen zu neuen Ehren gekommen. Die Sorte „du Puy“, grüne, gerade mal stecknadelkopfgroße Linsen, wird zu edelsten Gerichten wie Gänseleber oder Langusten serviert. Eine schöne Variante, wie den Linsen die verdiente Wertschätzung zuteil wird, ist der Einsatz der kleinen runden Früchte beim Schlachtessen. Es muss nicht immer Sauerkraut sein, und frisch gekochte Linsen zum Eisbein, zum Gesalzenen allgemein, schmecken herrlich. Dazu braucht´s möglichst die von der kleinen, grünen Sorte. Die werden gewaschen und – wenn es sich um eine ältere Ernte handelt – über Nacht gewässert. Die Garzeit der Linsen kann je nach Alter erheblich schwanken.

Für 8 Portionen:

500 g kleine grüne Linsen
800 g Eisbein mit Knochen
600 g Schweinekamm gesalzen
1 Würzsträußchen aus Petersilie, Selleriekraut, Lorbeer, Thymian
1 Zwiebel
1 Karotte
2 Knoblauchzehen
Zu Hause vorrätig:
Meersalz, schwarze Pfefferkörner, Nelken

Rezept

Ein Schinkeneisbein von ca. 800 g und 600 g gesalzener durchwachsener Schweinekamm werden eine halbe Stunde kalt gewässert, anschließend mit kaltem Wasser bedeckt aufgesetzt und zum Kochen gebracht. In einem großen Topf werden 1 Pfund frische grüne Berglinsen der letzten Ernte mit reichlich ungesalzenem Wasser aufgefüllt, aufgekocht und abgeschäumt. Jetzt gibt man Salz, schwarzen Pfeffer, ein Kräutersträußchen aus Petersilie, Lorbeer, Thymian und Selleriegrün sowie eine mit zwei Nelken gespickte Zwiebel und eine in Scheiben geschnittene Karotte hinzu und lässt alles 20 Minuten leicht köcheln. Nun gießt man die halbgaren Linsen ab, gibt sie mit der Zwiebel und dem Kräutersträußchen sowie zwei nicht geschälten Knoblauchzehen zum Fleisch und lässt auf kleiner Flamme kochen, bis das Fleisch gar ist. Wer dazu Kochwurst mag, sticht diese mit einer Gabel mehrfach ein und gibt sie 45 Minuten mit in den Topf. Zum Schluss entfernt man Knoblauch und Kräuterbukett, gießt evtl. überschüssige Flüssigkeit ab, würzt bei Bedarf nach und serviert mit Salzkartoffeln und einem trockenen Ortenauer Müller-Thurgau.

Profi-Tipp

Uwe Anselment, Wirt im „Rebstock“ in Ortenberg, würzt die Linsen mit einem Schuss Balsamico.

Löwenzahn: Salat gratis von Mutter Natur

Heute das erste Frühlingsgemüse / Mit Speck, Ei und Kracherle eine komplette Mahlzeit
Gelbe und grüne Variante

Eigentlich müsste der Löwenzahnsalat längst ausgestorben sein. Seit die Rebzeilen nicht mehr umgefahren werden, sind die fahlen Triebe, die beim Pflügen an die Oberfläche traten, nur noch schwer zu ernten. Doch bleibt den Amateuren des Pissenlit, wie er in Frankreich wegen seiner wassertreibenden Wirkung genannt wird, das mühsame Umstechen erspart. Er wird nämlich im großen Stil in Treibhäusern gezogen, und das hat den Vorteil, dass die dem Löwenzahn eigene Bitterkeit bei Zuchtware praktisch keine Rolle spielt. Wer sich seinen Salat von der Pusteblume tatsächlich selbst auf der Wiese ausgräbt, kann diesen weniger schmackhaften Aspekt durch kurzes Einlegen in Salzwasser unterdrücken. Das Gemüse wird auch zusammen mit Kartoffeln und Speck zu Eintopf verarbeitet oder wie Spinat verwendet. Auch Suppe wird daraus zubereitet, und ähnlich wie Radicchio kann er gebraten werden. Früher legte man die Knospen als Kapernersatz in einen Essigsud. In Frankreich gehört der Löwenzahnsalat zur traditionellen Frühlingsküche, was durchaus mit seiner entwässernden Wirkung zusammenhängen mag. Mittlerweile ist er fester Bestandteil des Marktangebots auch hierzulande, und so steht einem deftigen Vespervergnügen nichts im Wege, wo diese Spezialität als Beilagensalat kaum geeignet ist. Dafür ist sein Geschmack dann doch zu charakteristisch. Der Kenner hat die Wahl zwischen grünem und gelbem Löwenzahn. Putzen sollte man beide recht gründlich, vor allem, wenn er vom Feld stammt. Neuerdings werden übrigens in der Gegend von Kürzell Kulturen angelegt. Als Solist eignet sich der Löwenzahnsalat ideal als Vesper.

Zutaten:

- 300 g Löwenzahn
- 200 g Brustspeck
- 4 Eier, 1 hartgekochtes Eigelb
- 4 EL Öl, 1 EL weißer Essig
- 2 EL Balsamicoessig
- 1 Tasse feingeschnittene Zwiebeln
- 2 Scheiben Toast
- 1 EL Butterschmalz
- Vorrätig: Salz, schwarzer Pfeffer

Rezept

Geputzten Löwenzahn in einer Vinaigrette aus Essig, Öl, Salz und schwarzem Pfeffer aus der Mühle sowie einem harten zerdrückten Eigelb, Senf und feingeschnittener Zwiebel kurze Zeit ziehen lassen. Den Salat auf dem Teller anrichten. In einer Pfanne in Streifen geschnittenen Brustspeck glasig angehen lassen, mit einem Schuss dunklem Balsamicoessig ablöschen. Nun kommen die möglichst noch warmen Eiviertel drauf, und das Ganze wird mit den knusprig gebratenen Speckstreifen überstreut. Frische, in Butterschmalz geröstete Brotkracherle, gerne mit Knoblauch parfümiert, reicht man getrennt zur Selbstbedienung. Baguette passt wohl am besten dazu, und als Begleiter im Glas sollte ein kräftiger Weißwein, vielleicht ein Gutedel oder auch ein Müller-Thurgau, mit von der Partie sein.

Profi-Tipp

Hugo Ernst, Inhaber des Hotel-Restaurants „Hanauer Hof“ in Appenweier, empfiehlt für die Vinaigrette die Verwendung von Walnussöl.

Mangold oder die Wiedergeburt eines Klassikers

Das spinatähnliche Gemüse schmeckt sowohl für sich als auch in Béchamel, als Auflauf oder Gratin / Ganzjährig erhältlich

Bekanntlich kriegt man mit Dilettantismus auch in der Küche alles kurz und klein. So erging es wohl über die Jahrhunderte dem Mangold, von Haus aus ein Rübengewächs, verwandt mit der Roten Bete und der Zuckerrübe. Das an sich köstliche Gemüse hatte in unseren Breiten eher einen mittelmäßigen Ruf, der vermutlich damit zusammenhing, dass Blätter und Stiele lieblos zusammen zerhackt und gekocht wurden und das Ganze dann in einer weißen Mehlpampe landete. Doch so ging´s dem kulinarischen Bruder, dem Spinat, lange Zeit auch, und jene Renaissance, die Letzterer in den vergangenen Jahren erlebt, steht sicher auch dem Mangold zu. Bei diesem unterscheidet man Stielmangold und Blattmangold. Ganzjährig erhältlich ist die Sorte mit dunkelgrünen Blättern und weißem Stiel. Zarte Sprossen versorgen im Frühling den Feinschmecker mit dem ersten Grüngemüse des Jahres. Die ausgewachsenen Blätter werden für Suppen, für Füllungen, für Aufläufe und selbstverständlich als Gemüsebeilage verwendet. Am besten trennt man das Blattwerk von den Rippen, wobei unterschiedliche Garzeiten zu beachten sind. Die Blätter sollten noch zarten Biss haben; bei den Stielen kann man den Garpunkt durch Zusammendrücken mit den Fingern feststellen. Diese werden dann je nach Geschmack als Vorspeise nur mit feinstem Olivenöl, Fleur de Sel und schwarzem Pfeffer aus dem Mörser zu Gratin, als Gemüsebeilage zu Fleisch und Geflügel, aber auch zu Fisch zubereitet. Die große Küche sieht das Blanchieren der Stiele in Gemüsefond mit etwas Mehl vor. Wichtig ist jedenfalls, die geputzten Mangoldstiele nicht mit dem Messer zu schneiden, sondern in 6 bis 8 Zentimeter große Stücke zu brechen und dabei die Fäden abzuziehen.

Für 4 Portionen:

750 g Mangold
2 dl Gemüsefond
4 dl Sahne
3 EL Mehl
50 g Butter
Vorrätig: Meersalz, schwarze Pfefferkörner, Muskat, Riesling

Rezept

Von 750 g Mangold die möglichst hellen Stiele vom Grün befreien und in 6 Zentimeter breite Stücke brechen, Fäden entfernen und in 2 Liter Wasser mit 2 EL Meersalz etwa 7 Minuten blanchieren. Abtropfen lassen. Derweil aus 3 EL Mehl und 3 EL Butter eine blonde Schwitze bereiten, mit 2 dl Gemüsefond ablöschen, 4 dl Sahne aufgießen und 20 Minuten köcheln lassen. Durch ein Sieb passieren, die Mangoldstiele in dieser Béchamel noch zehn Minuten leicht einkochen lassen, mit Muskat, Salz, gemörsertem schwarzem Pfeffer und einem Spritzer Riesling würzen.

Profi-Tipp

Martin Herrmann, „Sternekoch" auf dem Dollenberg, würzt den Mangold mit einem Spritzer altem Balsamico.

Der Pfifferling: Selbst gesammelt ein Hochgenuss

Als Beilage sind Pfifferlinge in der Gastronomie das ganze Jahr über zu finden
Aus heimischen Wäldern schmecken sie am besten

Der Pfifferling ist – und bleibt auch wohl – der Wappenpilz des Schwarzwaldes. Für Otto Normalsucher eine Laune der Natur, für die Kenner unter den Schwammerljägern eine nahezu sichere Bank in der Nutzung heimischer Naturgaben, beginnt für die Gastronomie nach der Spargelzeit die Pfifferlingsaison. Wo früher militärisch organisierte Suchtrupps vornehmlich aus der Eidgenossenschaft motorisiert mit Funkverbindung den südlichen Schwarzwald plünderten und die Beute busweise aus dem Tann karrten, ist heute einheimische Ware absolut tabu. Die haushaltsübliche Menge darf gerade noch geerntet werden. Dass unwissenden Pilzsuchern aus dem Elsass von pfiffigen Mittelbadenern unter Hinweis auf rechtliche Bestimmungen die Spankörbe kontrolliert und geleert wurden, dürfte zwar den Tatbestand der Amtsanmaßung darstellen, klingt aber für nicht Betroffene zumindest amüsant. Ob´s der Völkerverständigung dient, darf indes bezweifelt werden. Zum unzweifelhaften Genuss frischer, möglichst kleiner und geschlossener Pfifferlinge gesellt sich noch die Vorfreude, wenn nach erfolgreicher Suche der Heimweg angetreten wird. Fast jeder, der sich für den Wald interessiert, weiß seine Plätze, und ein warmer Regen, vor allen Dingen warmes Wetter lassen die Pilze sprießen. Wer den Blick dafür hat und die Augen im Gehölz offenhält, könnte in der Saison fündig werden. Allzu viel Zeit darf zwischen Ernte und Verzehr nicht verstreichen. Und auch hier gilt wie bei vielen guten Sachen: Die Pfifferlinge sollten nach dem schmecken, was sie sind. Wenig ist hier immer mehr, und kunstvolle Verschnörkelungen mit Gewürzen, Wein, Speck und Saucen kann man sich eigentlich sparen.

Für 4 Portionen:

- 800 g frische Pfifferlinge
- 100 g Butter
- 2 cl Olivenöl extra vergine
- 1 Zwiebel
- 2 Knoblauchzehen
- 1 Sträußchen glatte Petersilie

Rezept

800 g frische, nicht zu feuchte oder gar nasse Pfifferlinge werden sorgfältig, aber keinesfalls im Wasser, gereinigt. Kleine Exemplare lässt man ganz, größere können halbiert oder geviertelt werden. In einer schweren Pfanne zerlässt man 2 EL Butter in 2 EL Olivenöl, dünstet eine Tasse feingeschnittene Zwiebel sowie zwei feingehackte Knoblauchzehen glasig an und gibt die trockenen Pilze unter ständigem Rühren dazu. Die Hitze sollte so hoch sein, dass diese kein Wasser ziehen. Nach kürzestmöglicher Garzeit mit Salz und schwarzem Pfeffer aus dem Mörser würzen, 1 EL Butter unterrühren und mit gehackter Petersilie überstreuen.

Profi-Tipp

Hans Beck, Wirt des Gasthauses „Sonne“ in Zell a. H., empfiehlt das Säubern der Pfifferlinge nur mit dem Taschenmesser und einer mittelharten Zahnbürste.

Rote Bete, Rahnen oder Randen: Nicht nur zu Meerrettich

Ursprünglich ein klassisches Wintergemüse, ist die rote Knolle heute das ganze Jahr über verfügbar / Viele gesunde Inhaltsstoffe

Rahnen, Rote Bete, auch Beete, „Rotrahnesalad“ oder gar „Gullerlappesalad“ sind Namen für ein beliebtes Gemüse im Schwarzwald. Unverzichtbarer Bestandteil des klassischen Meerrettichs, schmeckt der Salat von Roten Beten besonders an heißen Tagen. Die etwas umständliche Zubereitung erübrigt sich heute; der Markt bietet fertig gegarte Beten an, die nur noch geschält werden müssen. In der Literatur wird dieses einst zwischen Herbst und Winter verfügbare Gemüse als besonders gesund beschrieben, wohl wegen seines Reichtums an Mineralstoffen und Vitaminen bis hin zur B-Gruppe, was den Ruhm der roten Knolle als Heilmittel über Jahrhunderte erklärt. Sowohl gegen Infektionskrankheiten wie auch aktuell als probates Mittel gegen Erkältungen und Grippe sowie zur Unterstützung der Blutbildung und nicht zuletzt zur Stärkung des Immunsystems wird die Rote Bete empfohlen. Dass sie auch ein kräftiges Färbemittel darstellt, zeigt sich bei hartnäckig sitzenden Flecken auf blütenweißen Küchenschürzen, auch für die Ostereier der kommenden Saison. Wohl am häufigsten kommen neben sauer eingelegten Scheiben, glatt oder auch gezackt vorgeschnitten, vakuumierte Ware in ganzen Knollen zum Einsatz. Frische, das heißt rohe Knollen können nach gründlichem Säubern entweder gekocht oder in Alufolie im Ofen gegart werden. Das Kraut ist ähnlich wie Mangold als Gemüse zuzubereiten. Bei diesem Gericht kommt der Geschmack des Lorbeers besonders gut zur Geltung. Wichtig ist auch ein sehr gutes Öl, hier am besten ein frisches Walnussöl. Der hohe Gehalt an Vitaminen und Kalzium macht dieses Gemüse für eine gesunde Ernährung wertvoll. Wer bisher nur Konserven konsumiert hat, findet hier ein treffliches Beispiel, wie selbst zubereiteter Rahnensalat schmecken kann.

Für 4 Portionen:

1 kg Rote Bete

1 dl Rotweinessig

1 dl Walnussöl

1 Zwiebel

1 Würzsträußchen aus Petersilie, Selleriekraut, 3 Lorbeerblättern, Thymian

Zu Hause vorrätig:
Meersalz, schwarze Pfefferkörner

Rezept

Für vier Personen nimmt man 1 kg Rahnen, befreit sie nach dem Garen in Salzwasser von ihrer Haut und schneidet sie in 1/2 cm dicke Scheiben. 1 dl guter Rotweinessig wird mit 1 TL Salz und 1 TL gemörsertem schwarzem Pfeffer verrührt und über die Rahnenscheiben gegossen. Dazu gibt man das Würzsträußchen und lässt das Ganze einen Tag, besser zwei, im Kühlschrank ziehen. Vor dem Servieren mischt man 1 dl Walnussöl unter die Rahnen und garniert den Salat mit einer in feine Ringe geschnittenen Zwiebel.

Profi-Tipp

Christoph Jauch, Juniorchef im Gasthaus „Sonne“ in Gengenbach, empfiehlt eine Prise gemahlenen Kreuzkümmel zur Roten Bete.

Süß oder sauer: Rüben erfreuen sich zunehmender Beliebtheit

Süß „à la minute“ oder eingelegt wie Sauerkraut: eine preiswerte wie schmackhafte Spezialität / Als Beilage zu Schweinebauch oder Braten

Auferstehung nicht nur im badischen Küchengeschehen feiern seit einigen Jahren die weißen Rüben. Süß oder sauer kommen sie vermehrt auf die Tafel. In schlechten Zeiten gefürchtet, weil allzu oft verabreicht, zählen sie heute für die bodenständigen Feinschmecker zu einem wahren Klassiker. Jene Generation, die in der Kindheit leidvolle Erfahrungen mit dem nicht unbedingt appetitlichen Dunst, der beim Kochen durch die Wohnung zog, häufig durchmachen musste, bekam als Wiedergutmachung das deutsche Küchenwunder und anschließend die Renaissance der Badischen Küche beschert. Und siehe da: Plötzlich schmecken auch die Rüben von dazumals wieder. Von der Zubereitung her gesehen unterscheiden sich süße und saure Rüben in wesentlichen Teilen. Während die süße Variante „à la minute“ direkt aus dem Einkaufskorb zubereitet werden kann, müssen saure Rüben, badisch korrekt als „suuri Ruewe“ im Handel, im Ständchen in einer Lake eingelegt reifen. Weil aber diese Zubereitung für die salzige Variante ähnlich wie Sauerkraut größere Vorarbeiten erfordert, kauft sich die geplagte Hausfrau ihre Rüben im Fachgeschäft. Metzgereien haben ihr Angebot erweitert. Allenthalben stehen sie in der spätherbstlichen Saison neben Sauerkraut für die Kunden bereit. Sicher sind süße wie saure Rüben keine badische Erfindung. Vor allem in alemannischen Landstrichen, aber auch in Tirol und Österreich, waren sie über Jahrhunderte fester Bestandteil des Speisezettels. Ob sie nun süß oder sauer angemacht werden, bleibt dem jeweiligen Geschmack überlassen. Den Liebhaber dieser Spezialität kann man mit diesem Mahl kaum überraschen; der verräterische Duft zieht durchs ganze Haus.

Für 4 Portionen:

- 1,5 kg weiße Rüben
- 200 g geräucherter Bruststpeck
- 800 g geräucherter Bauchspeck
- 70 g Schweineschmalz
- Zu Hause vorrätig: Meersalz, schwarze Pfefferkörner, Zucker, Fleischbrühe

Rezept

Drei Pfund weiße Rüben werden grob gewürfelt, in 2 Litern Salzwasser 5 Minuten blanchiert und abgegossen. 70 g Schweineschmalz und 40 g Zucker lässt man in einer Kasserolle dunkelbraun karamellisieren, gibt die Rüben dazu, gießt 2 dl Brühe an. Garzeit ca. 1/2 Stunde. Salz, Pfeffer und ein Stück geräucherter Bruststpeck sorgen für Würze. Je nach Geschmack wird das Gemüse auch mit dem Schneebesen aufgeschlagen, was ihm eine püreeartige Konsistenz verleiht. Süße Rüben serviert man zu Bauchspeck oder mit Schweinebraten.

Profi-Tipp

Erich Schwarz serviert ab November im „Schwarz-Webers“ in Unterentersbach süße Rüben mit Meerrettichsauce und leicht geräuchertem Bauchspeck.

Das Rotkraut – mehr als nur eine einfache Beilage

Der vornehme Vetter vom Sauerkraut passt nicht nur zu Ente oder Wild
Kräftiger Rotwein ist eine wichtige Zutat

Es gibt Speisen, bei denen stellt die Beilage den heimlichen Star des Menüs. Rotkraut ist so eine, und die kluge Hausfrau ist gut beraten, wenn die Portion davon reichlich bemessen ist. Emma Wundt selig, die Protagonistin moderner Badischer Küche, verschwendet kaum ein Wort über diese Köstlichkeit, rührt gar noch Mehl ins fertige Rotkraut. Die Gründe für das stiefmütterliche Verhalten gegenüber dieser Speise könnten damit zusammenhängen, dass das Kraut, einmal aufgewärmt, seine leuchtend rote Farbe einbüßt. Aber das muss den Feinschmecker ja nicht ereilen – gutes Rotkraut überlebt kaum den Tag seiner Herstellung. Voraussetzung ist natürlich die sachgemäße Zubereitung, und das beginnt bereits beim Zerschneiden der nicht zu lange gelagerten Köpfe. Der weiße Strunk sollte möglichst komplett entfernt werden, wenngleich sich dieser farblich nach dem Einlegen in Rotwein kaum vom übrigen Fruchtfleisch unterscheiden lässt. Was indes die Farbe angeht, kann der Laie selbst eingelegtes Rotkraut von Büchsenware nur schwer unterscheiden. Da macht´s der Biss, und natürlich auch der Geschmack, auch wenn so mancher Koch auf seine Konserve schwört. Dessen ungeachtet sollte das Kraut in kräftigem, farbstarkem Roten der Sorte Merlot oder Dornfelder zusammen mit einem Schuss gutem Rotweinessig zwei, drei Tage mariniert werden. Je besser der Rotwein, desto besser das Ergebnis.

Rezept

Zwei Köpfe Rotkraut von je ca. 1 Kilo werden von den äußeren Blättern befreit, geviertelt und der weiße Strunk großzügig entfernt. In feine Streifen gehobelt, mischt man das Kraut mit je einem EL Salz und Zucker gut durch, gibt eine mit drei Nelken und einem Lorbeerblatt gespickte Zwiebel dazu und gießt mit kräftigem trockenem Rotwein auf. Das Kraut sollte an einem nicht zu kühlen dunklen Ort zwei bis drei Tage ziehen. In einer großen Kasserolle zerlässt man 1 EL Gänse- oder Butterschmalz, schwitzt darin eine feingeschnittene Zwiebel sowie 1 TL Zucker gelblich an, gibt das abgetropfte Rotkraut und zwei in Scheiben geschnittene Äpfel sowie die gespickte Zwiebel und eine Prise Piment dazu und gießt die Marinade darüber. Im geschlossenen Behältnis sollte das Kraut über zwei bis drei Stunden leicht köcheln, bis der Apfel zerfällt. Ins fertige Kraut 100 g Butter und 2 EL Johannisbeergelee einrühren.

Für 6 bis 8 Portionen:

- 2–3 kg Rotkraut
- 1 l kräftiger trockener Rotwein
- 1 dl Rotweinessig
- 2 Zwiebeln
- 2 Äpfel
- 100 g Johannisbeergelee
- 100 g Butter

Vorrätig: Piment, Nelken, Lorbeerblätter, Meersalz, Zucker, Gänse- oder Butterschmalz

Profi-Tipp

Stefan Laier, Küchenchef im Ortenberger Landgasthaus „Krone“, gibt ins nicht mehr kochende Rotkraut einen ordentlichen Schuss Cassislikör.

Oberrheinischer Klassiker: Mal Sauerkraut, mal Choucroute

Knackig frisch oder weich gedünstet / Unverzichtbar für die Schlachtplatte
Manche lieben es aufgewärmt / Ideal zu Ripple, Wädele und Schäufele

Für 8 Portionen:

- 2 kg frisches Sauerkraut
- 200 g Gänseschmalz
- 2 große Zwiebeln
- 1 quer halbierte Knoblauchknolle
- 3 Boskoop
- 1/2 l Müller-Thurgau trocken
- 4 dl Fleischbrühe

Zu Hause vorrätig:
Meersalz, schwarze Pfefferkörner, Lorbeer, Wacholderbeeren, Nelken

Naturgemäß sind Herbst und Winter die hohe Zeit des Sauerkrauts. Selbst einmachen wird´s heute kaum noch jemand. Deshalb müssen es noch lange keine Konserven sein, die verwendet werden. Sauerkraut gehört zum Standard jeder besseren Metzgerei, und zwei, drei Hersteller in der Region bieten ihre Ware preiswert an.

Heimweh: Bei den Nachbarn im Elsass gehört das Choucroute zu den großen Tafelfreuden. Dort herrscht zugegeben eine feine Kultur in Sachen Sauerkraut. Weil einige unserer Vettern noch französischer sein wollen als die Pariser, erfand man das rührende Märchen von den Emigranten, die in der Kaiserzeit aus Heimweh nach den Vogesen in der Seine-Metropole das Sauerkraut als große Schlachtplatte erfunden hätten. Nicht einmal der große Larousse weiß von dieser Geschichte. Egal, die Politik, gar der Chauvinismus sollten beim Essen außen vor bleiben, und so wie wir Badener den Weißkohl in seiner sauren Form seit Jahrhunderten genießen, schmeckt´s eigentlich ganz gut.

Rezept

An Kraut benötigt man vier Pfund, sorgfältig gewässert und gut ausgepresst. In einer Kasserolle zerlässt man 200 g Gänseschmalz, dünstet darin zwei Tassen feingeschnittene Zwiebeln glasig und gibt eine quer halbierte Knoblauchknolle hinzu. Nun verteilt man das Sauerkraut im Fett, dünstet es mit an und gießt mit 1/2 l trockenem Müller-Thurgau und 4 dl Fleischbrühe auf. Das Kraut sollte fast bedeckt sein. Drei Äpfel, geschält und in dünne Schnitze zerteilt, kommen ebenfalls dazu. Zehn Wacholderbeeren und zwei Nelken werden in Alufolie locker eingepackt und diese mit einer Gabel mehrfach eingestochen. Zusammen mit zwei Lorbeerblättern sorgen diese Gewürze fürs Aroma. Salz sollte sparsam, schwarzer Pfeffer reichlich ans Kraut. Mitgekochte Scheiben von geräuchertem Bruststpeck sorgen zusätzlich für Geschmack. Nach etwa zwei bis zweieinhalb Stunden ist das Kraut fertig. Die Äpfel sind verkocht und sorgen für Bindung; wer mag, kann zusätzlich nachbinden. Wenn Wädele, Gesalzenes, Sauschwänzle oder Kassler mitgaren sollen, gibt man diese etwa nach einer Stunde ins Sauerkraut. Dass dadurch der Geschmack des Krauts noch besser wird, versteht sich. Als Beilage muss es übrigens nicht immer Püree sein. Eher besser schmecken dazu Pellkartoffeln.

Profi-Tipp

Patrick Korsch vom Landgasthaus „Krone" in Ortenberg empfiehlt ins Sauerkraut ein Gläschen Gin.

Spargel, ein „königliches Gemüse“ für jedermann

Er zählte seit jeher zu den teuren Genüssen / Große Neuanlagen in Südbaden
Ortenauer Spitzenklasse aus dem Ried und dem Hanauerland

Als „königliches Gemüse“ rangierte der Spargel im Küchenverständnis unserer Altvordern. Hügelsheim, Schwetzingen und Hoerdt waren die Hochburgen der begehrten elfenbeinfarbenen Stangen. Dazwischen versuchten sich noch ein paar Landwirte mit der Anlage größerer Spargelfelder, aber über einen Hektar ging das selten hinaus. Etwas teurer war der Spargel schon immer. Auch machten das Wetter und diverse Pflanzenkrankheiten dem Vorhaben oft einen Strich durch die Rechnung. Irgendwann gingen auch die Stöcke in die Knie, und kostspielige Neuanpflanzungen waren angesagt. Aber das machte dem Genuss keinen Abbruch, und so blieb die Zeit zwischen April und Juni für die Feinschmecker eben jenem Genuss vorbehalten. Heute hat sich die Spargellandschaft am Oberrhein völlig verändert. Hoerdt, der traditionelle Gemüsegarten des mittleren Elsass, ist mehr oder weniger außen vor. Dafür sind das Markgräfler Land und das Hanauerland bzw. Ried führend in der Produktion. Durch die Investitionen in plastiküberdeckte Tunnels können bereits frühzeitig die Märkte bedient werden. Kaum eine Gemeinde in der Ortenau, in der nicht direkt über einen Stand vermarktet wird. Der Wettbewerb hält die Preise in Schach, und die Qualität war in den letzten Jahren so gut wie kaum jemals zuvor. Wenn Ostern kalendarisch nicht zu früh ins Haus steht, dann ist zu diesem Feiertag der Spargel unverzichtbare Zutat, als Solist oder als Beilage. Die Popularität der Kochkunst, ob in den Medien oder in Kochschulen, zeitigt verstärkt selbst aufgeschlagene Saucen wie Hollandaise oder auch Béarnaise, und wer´s mit dem rhythmischen Achterschlag nicht so draufhat, der rührt sich eine Vinaigrette an, mit den ersten Kräutern aus dem Frühbeet.

Für 4 Portionen:

2 Kilo ackerfrische Spargel
1 kg kleine Frühkartoffeln
100 g Süßrahmbutter
1 Sträußchen Kerbel
Vorrätig:
Meersalz, weiße Pfefferkörner, evtl. Zucker

Rezept

2 Kilo erstklassige Spargel aus der Ortenau werden gewaschen, sorgfältig geschält und die Enden großzügig abgeschnitten. Die Schalen und die Endstücke werden in einem Topf in so viel Wasser 30 Minuten gekocht, dass die Menge nach dem Abgießen der Schalen und Enden die Spargelstangen bedeckt. Dann gibt man 2 EL Meersalz hinzu, je nach Geschmack einen TL Zucker und lässt die Stangen so lange sieden, bis sie sich, am Ende gehalten, leicht durchbiegen. Spargel sollten immer à la minute gegart werden. Klassisch sind als Beilage Pfannkuchen, in Butter und Kerbel geschwenkte Salzkartoffeln und Sauce Hollandaise.

Profi-Tipp

Stefan Laier, Küchenchef im Landgasthaus „Krone“ in Ortenberg, serviert die Spargel auf Wunsch „al dente“ oder weich.

Frisch oder getrocknet wertvoll: Steinpilze

Sie gelten als König unserer einheimischen Speisepilze / Gute Qualitäten auch aus dem Ausland Vorsicht vor unerwünschten „Bewohnern“

„Pilzgerichte sind im voraus zu bezahlen.“ Dieser etwas abgedroschene Witz hat in unserer Gastronomie keine Berechtigung, einfach weil Steinpilze und auch Pfifferlinge kaum verwechselt werden können. Der Handel bedient sich vornehmlich im Ostblock, Polen, Bulgarien und der Türkei, welche die wichtigsten Lieferanten stellen. Wenn diese Ware gegenüber selbst gesammelten Pilzen weniger Geschmack aufweist, liegt dies hauptsächlich am Alter. Wichtigstes Kriterium hinsichtlich der Qualität ist neben einem einwandfreien Aussehen der Duft, und den muss man eben selbst prüfen. Feuchte Pilze dienen ausschließlich dem Gewinn des Händlers. Lieber putzt man Tannennadeln und Moosreste aus, als fünfzehn bis zwanzig Prozent „Feuchtigkeitsaufschlag“ zu berappen. Wo die Pfifferlinge kaum „Einwohner“ aufweisen, herrscht bei den Steinpilzen oft ein reges Innenleben. Hier hilft nur ein radikaler Schnitt, um keinen Fehlkauf zu tätigen. Auf die Größe sollte man sich nicht verlassen. Da liegt schon mal ein gesundes, einwandfreies Prachtexemplar von einigen 100 Gramm Gewicht neben einem verwurmten Winzling. Steinpilze eignen sich gut zum Trocknen, und als Zugabe zu Saucen vermitteln sie ein intensives Geschmackserlebnis. Hier sind die Italiener führend, und auch in der pilzlosen Zeit schmeckt eine „Pasta con Porcini“ unvergleichlich.

Für 4 Portionen:

- 1 kg frische Steinpilze
- 80 g Butterschmalz
- 100 g Butter
- 2 cl Olivenöl extra vergine
- 1 Zwiebel
- 2 Knoblauchzehen
- 1 Sträußchen glatte Petersilie
- Vorrätig: Meersalz, schwarzer Pfeffer

Rezept

Von einem Kilo kleinen festen Steinpilzen schneidet man die Stiele ab, hackt sie klein und stellt sie zur Seite. In einer Pfanne zerlässt man 80 g Butterschmalz in 2 EL Olivenöl und brät die mundgerecht zerteilten Köpfe auf großer Flamme acht bis zehn Minuten. Wenn sie gar sind, legt man sie auf eine vorgewärmte Platte. Zwei Knoblauchzehen werden fein geschnitten, ebenso eine mittlere Zwiebel, und zusammen mit 2 EL feingehackter Petersilie und den Steinpilzstielen in der Pfanne 10 Minuten gedünstet. Mit Salz und schwarzem Pfeffer aus dem Mörser würzen und 100 g gekühlte Butterstückchen so lange unterschwenken, bis sie sich aufgelöst haben. Damit überzieht man die Steinpilzköpfe.

Profi-Tipp

Jürgen Frey, Inhaber des Willstätter Cateringunternehmens „Feste vom Feinsten“, empfiehlt einen Klacks Pesto zu den fertigen Steinpilzen.

Gretchenfrage in unserer Küche: Saucen

Sie krönen die Kochkunst / Sorgfältiges Auskochen garantiert den Erfolg
Ganz ohne Mehl geht´s nicht

Brühe ist immer die erste Stufe einer erfolgreichen Saucenzubereitung, ob hell oder dunkel. Mehlschwitze die zweite, und ohne diese ist badische Küche nicht möglich. Sicher gibt es allerlei Bindemittel, von eiskalter Butter über Speisestärke, geriebene Kartoffel bis zu Pfeilwurzmehl und Agar-Agar. Aber mit diesen wird ein Sauerbraten oder ein Eingemachtes Kalbfleisch nie so schmecken wie von Muttern. Unerlässlich ist dabei das Auskochen, was mit den Unterschied gegenüber der zu Recht von Küchenlegende Wolfram Siebeck geschmähten deutschen Plumpsküche ausmachen dürfte. Unter fünf Stunden Kochzeit sollte man bei der Grundsauce gar nicht beginnen. Möchte man diese zur Vollendung führen, zur Demiglace, dann kommt nochmals die gleiche Zeit hinzu. Aber für normale Verhältnisse reicht die „einfache“ Version.

Zutaten:

- 3 Kilo Kalbsknochen
- 1 Kilo Fleischabschnitte
- 100 g Speckschwarte
- 4 EL Butterschmalz
- 2 Zwiebeln in Viertel
- 1 quer halbierte Knoblauchknolle
- 5 Tassen Wurzelgemüse in Stücken
- 2 EL Tomatenmark
- 2 Nelken, 2 Lorbeerblätter
- 1 l kräftiger Rotwein
- 3 l kräftige Fleischbrühe
- 2 EL braune Mehlschwitze

Rezept

In einer großen Kasserolle werden Kalbsknochen, Fleischabschnitte von Kalb und Rind sowie Speckschwarte in Fett rundum kräftig angebraten. Nun gibt man in Stücke geschnittenes, so genanntes Mirepoix, Röstgemüse wie Zwiebel, Sellerie, Karotte, Lauch und Petersilienwurzel hinzu und röstet alles gut an. Tomatenmark ebenfalls anrösten und alles gut durchrühren. Das Ganze in mehreren Etappen mit Rotwein ablöschen, einkochen lassen und mit kräftiger Knochen- oder Fleischbrühe auffüllen. Lorbeer, Pfeffer und Nelken sorgen für Aroma. Mindestens fünf Stunden muss dieser Ansatz köcheln, und wenn es 10 Stunden sind, schadet es nicht. Die solcherart gewonnene, durch ein Sieb passierte Basis wird mit brauner Mehlschwitze abgebunden und nochmals eine halbe Stunde ausgekocht. Diese braunglänzende Grundsauce kann man jetzt portionsweise abfüllen und einfrieren. Für den kleineren Haushalt füllt man Sauce in Eiswürfelbehälter, verpackt die solcherart gewonnenen Saucenwürfel in Alufolie und gibt diese bei Bedarf direkt in die Pfanne, beispielsweise zum Pfeffersteak oder zur Bindung von Bratenfond. Eine durchaus vertretbare Alternative sind hochwertige Fonds, wie sie in den Märkten der Lebensmittelliebhaber erhältlich sind. Da braucht es nur noch die Bindung, je nach Gusto mit Mehlschwitze oder eingeschwenkter eiskalter Butter, und die Würzung der Wahl. In kleinen Mengen rechnet sich der Preis immer. Dass es solche Fonds unter anderem auch für Wild und Geflügel gibt, erweitert die Möglichkeiten.

Profi-Tipp

Alfons Bächle, Doyen der Ortenauer Köche, empfiehlt Salz, wenn überhaupt, erst zum Schluss der Saucenzubereitung.

Rind und Kalb

Gekochtes Rindfleisch mit Meerrettich

Badische Küche schlechthin / Unsere Vettern nennen es „Pot-au-feu"
Gruß aus Urloffen

Es müsste mit dem Teufel zugehen, wenn nicht auch für alte Hasen was Neues rüberkäme. Ob nun gebräunte Zwiebel, halbierte Knoblauchknolle, Kräutersträußchen, Liebstöckel, Petersilienwurzel, und was sonst noch in den Topf kommt, bleibt dem individuellen Geschmack überlassen oder hängt vom jeweils angesagten Kochbuch ab. Schließlich kommt es auf das Fleisch an. Und dessen Geschmack wird nicht stärker durch Aromaten, allenfalls anders, im schlimmsten Falle verfälscht. Schonend gegartes Rindfleisch schmeckt hervorragend als Solist. Weil aber die Kartoffeln dazu allein langweilig und fad sein können, braucht es eine Sauce, und die Ortenau schreit förmlich nach Meerrettich. Dafür wird Siebeck zum Trotz eine Mehlschwitze angerührt, ohne Wenn und Aber.

Für 4 bis 6 Portionen:

- 2 Kilo Rindfleisch je zur Hälfte Brustkern und Leiter
- 2 Markknochen
- 500 g grob zerteiltes Suppengemüse wie Karotten, Lauch, Sellerie
- Vorrätig: Salz, Lorbeerblatt

Für die Sauce:

- 50 g Butterschmalz, 50 g Mehl
- 1/2 l Milch, 1/2 l Rindersud
- 150 g frisch geriebener Meerrettich
- Vorrätig: Salz, frisch gemahlener schwarzer Pfeffer, Muskat

Rezept klassisch

Abgebürstete Markknochen und Suppengemüse fünf Minuten in 3 l kochendem Wasser blanchieren, Fleisch zugeben, Temperatur auf 90° regulieren, nach Belieben salzen. Wenn nach vier bis fünf Stunden das Fleisch von der Gabel rutscht, sollte es gar sein. Für die Meerrettichsauce wird eine blonde Mehlschwitze mit Rindersud und Milch aufgegossen, eine halbe Stunde köcheln lassen und frisch geriebenen Meerrettich oder beste Glasware einrühren. Die Sauce wird nochmals kurz erhitzt und mit den frisch gekochten Kartoffeln, Roter Bete und dem gerade gar gewordenen Fleisch serviert. Was den schlauen Spruch zum Suppenfleisch angeht: Lieber einmal richtig fett gegessen als tausend Jahre Diät eingehalten.

Rezept modern

Eine hohe Garpfanne im programmgesteuerten Dampfgarer mit Suppengemüse, etwas Bouillon oder Wasser füllen, Fleischstücke drauflegen, Temperaturfühler ins dickste Stück zur Hälfte einstechen, mit Salz bestreuen, evtl. Lorbeerblatt zugeben, bei höchster Dampfstufe und 75° Endtemperatur über Nacht (ca. 7 Stunden) reifen lassen. Solcherart schmeckt´s am besten ohne alles, nur mit Fleur de Sel und schwarzem Pfeffer aus der Mühle. Wenn es zwischendurch zu langweilig wird, kann mit Sojasauce, mit Olivenöl, mit Mostarda (italienische Senffrüchte) oder auch mal einer Gewürzsauce oder -paste aus Asien experimentiert werden. Bis es dann pur halt doch wieder am besten schmeckt.

Profi-Tipp

Stefan Laier, Küchenchef im Landgasthaus „Krone" in Ortenberg, empfiehlt einen Spritzer Zitrone in die Meerrettichsauce.

Als Österreich noch bei Ungarn war: Gulasch k. u. k.

Vermutlich gibt es so viele Varianten dieses Klassikers wie Kochtöpfe
Gutes Essen will auch hier Weile haben / Zwiebeln sorgen für Bindung

Es mag daran liegen, dass die Badener den Habsburgern adieu sagen mussten oder umgekehrt. Jedenfalls wird im Badischen Kochbuch von Emma Wundt, erschienen rund ein Jahrhundert nach der Zwangstrennung unserer Heimat von der Wiener Herrschaft, das Gulasch höchst stiefmütterlich abgehandelt, dazu noch alles andere als originär, aus gleich drei Sorten Fleisch, was eigentlich schon gar nicht geht. Wie auch immer, kein Koch kann das Originalrezept für sich in Anspruch nehmen. Als im späten Mittelalter die Rinderhirten, die Gulyash, ihre Mahlzeiten aus Rindfleisch und Zwiebeln durch langes Garen zu einer festen Substanz verkochten, gab es noch keinen Paprika in der Alten Welt. Gewürzt wurde mit Kümmel und Knoblauch. Zum Verzehr wurde dieses Gulasch mit Wasser zu einer Suppe aufgekocht und zusammen mit Kartoffeln, mit Gemüse oder auch Teigwaren in Form von aus Mehl, Eiern und Wasser bereiteten Knödeln aufgetischt. Später kam der Paprika sowohl als Gewürz als auch in zerteilten frischen Schoten dazu. Gulasch versteht sich unter dieser Bezeichnung übrigens als Gulaschsuppe. Das bei uns als solches servierte Ragout wird in Ungarn als Pörkölt angeboten. Beiden gemein ist das langsame Garen, was bei richtiger Zubereitung auch das zäheste Rind zart werden lässt. An den Glanz der alten k.u.k.-Kochkunst erinnern heute noch ein gutes Dutzend Varianten, bis hin zum Kaisergulasch, selbstverständlich aus dem Rinderfilet geschnitten. Für die Badische Küche sollte deren Charakter Pate stehen: unkompliziert, preiswert und ohne Schnörkel.

Für 4 Portionen:

- 1 kg Rinderhaxe
- 1 kg Zwiebeln
- 2 Knoblauchzehen
- 1 Liter Fleischbrühe
- 2 Tassen Pizzatomaten
- 2 EL Tomatenmark

Vorrätig: Meersalz, Butterschmalz, schwarzer Pfeffer, Rosenpaprika, Kümmelsamen

Rezept

1 Kilo Rinderhaxe werden in 2 cm große Würfel geschnitten und zusammen mit der gleichen Menge gehackter Zwiebeln in 50 g Butterschmalz bei nicht zu großer Hitze etwa 10 Minuten angehen lassen. 2 Knoblauchzehen mit 2 TL gemörsertem Kümmelsamen und 3 EL Rosenpaprika abseits vom Feuer unterrühren, bis das Paprikapulver absorbiert ist. Jetzt 1 l heiße Fleischbrühe angießen, das Ganze köcheln lassen. Die Fleischwürfel sollten weich sein, wenn zum Schluss 2 Tassen abgegossene Pizzatomaten und 2 EL Tomatenmark weitere 30 Minuten mitgeköchelt werden. Mit 1 TL Meersalz und 1 TL frisch gemörsertem schwarzem Pfeffer würzen. Wenn das Gulasch noch zu suppig ist, bei offenem Topf noch etwas einkochen lassen. Ins Glas passt ein Merlot.

Profi-Tipp

Pavel Pospisil, Chef in der „Krone" in Bühl-Oberbruch, verwendet fürs Gulasch ausschließlich Rosenpaprika bester Qualität.

Lende, Lummel, Filet: Das Beste vom Rind hat viele Namen

Wenn es um die Zartheit geht, gibt es beim Fleisch von Rind, Kalb und Schwein keine Alternative zum Filet / Auch auf die Sauce kommt´s an

Schier unbezahlbar war zu Kaisers Zeiten das Filet vom Rind, vom Kalb sowieso. Damals schmeckte aber das Fleisch noch nach Fleisch, und mit den Importen aus Amerika ging das Aroma merklich zurück. Dafür ist Angus aus Argentinien wesentlich zarter. Einen Tod muss man halt sterben, oder rechtzeitig den Zahnarzt bemühen. Der Trend geht ganz deutlich nach europäischem Weiderind, ob nun Limousin, Charolais oder angestammte deutsche Sorten. Wichtig allein ist neben der artgerechten Aufzucht vor allem die Reife, und frühestens drei Wochen nach dem Schlachttermin darf das Steak oder das Chateaubriand in die Pfanne. Fast untrennbar verbunden mit dem Filet sind die Saucen, und der Klassiker auch in der badischen Küche war die Sauce béarnaise, bei Frau Wundt noch als Bearnerbeiguss geläufig. Dass man diese Grundvoraussetzung feiner Küche heute entweder aus dem Tetrapack oder überhaupt nicht mehr findet, hat den einfachen Grund, dass die fähigen Köche aussterben. Sitzt der Gast nahe genug an der Küche, dann verrät ihm der rhythmische Achterschlag des Schneebesens schon vorab, ob da fachmännisch gearbeitet oder nur Päckchen geöffnet werden. Ganz sicher ist dieser Parameter allerdings nicht, weil eine optimal gelagerte Béarnaise eine Stunde und länger ihre Konsistenz hält. Jeder Profi hat da seine eigenen Tricks drauf, und Qualität ist oberstes Gebot.

Für 4 Portionen:

4 Scheiben Rinderfilet à 250 Gramm

100 g Butterschmalz

Für die Sauce werden benötigt:

2 EL feingehackte Kräuter wie Estragon, Petersilie, Dill, Kerbel

6 Eigelb

3 EL Weißweinessig

150 g frische Butter

400 ml Kalbsfond

Vorrätig: Salz, schwarzer Pfeffer

Rezept

Den Backofen auf 95° vorheizen. 4 Steaks vom Rinderfilet à 250 g werden mit der flachen Hand etwas breitgedrückt und in heißem Butterschmalz auf jeder Seite vier bis acht Minuten, je nach erwünschtem Garpunkt, gebraten. Beim Wenden mit schwarzem Pfeffer aus der Mühle und gemahlenem Meersalz, besser Fleur de Sel, würzen. Die Steaks sechs Minuten im Backofen ruhen lassen. Für die Sauce vorab eine Reduktion aus 3 EL Essig und 2 EL Kräutern herstellen. 2 EL Wasser und eine Prise Salz zugeben. Einen Topf in ein nicht zu heißes Wasserbad stellen und mit dem Schneebesen 6 Eigelb mit der Reduktion unter ständigem Rühren aufschlagen. Entweder ca. 150 g Butterwürfel oder die gleiche Menge geschmolzene Butter einrühren. Die Bratpfanne mit etwas Brühe ablöschen, stark einkochen und 1 TL dieser „Glace de Viande“ mit in die Sauce geben. Unter ständigem Schlagen mit dem Schneebesen der Sauce einen puddingähnlichen Zustand verleihen, frischgehacktes Estragon drüberstreuen und auftragen.

Profi-Tipp

Peter Bürkle, Altmeister im Küchenfach in Zell a. H., empfiehlt für die Sauce béarnaise frische Bauernbutter.

Rouladen gibt´s nicht nur vom Rind

Alles, was an Fleisch, Geflügel und Fisch unsere Tafel ziert, lässt sich zum Einpacken verwenden

Populäre Speise in deutschen Küchen ist die Roulade. Klassisch wird sie aus Rindfleisch gemacht, aber auch in Schweinefleisch, Wild, Pute oder auch Fisch lassen sich allerlei Zutaten einrollen. Zu Ostern dürfen es auch Rouladen vom Lamm oder vom Hasen sein, beim Ersteren aus der entbeinten Keule geschnitten, beim Karnickel aus den Bauchlappen gerollt. Und weil in dieser Zeit der Bärlauch die Rheinauen parfümiert, läuft dieser in der Füllung zur Hochform auf. Normalerweise wandert die Brust vom Reh in die Sauce, allenfalls ins Ragout. Eigentlich schade, denn auch daraus lassen sich herrliche Rouladen zubereiten. Hier werden Fleischabschnitte vom Zerlegen des Wilds durch den Wolf gedreht und mit allerlei Gewürzen zu einer schmackhaften würzigen Füllung verarbeitet. Damit gefüllt, gerät die Rehroulade zu saftigem Genuss. Auch Fischfilets lassen sich solcherart füllen, wobei hier das Gemüse für die Füllung vorab blanchiert werden muss, weil es bei der kurzen Garzeit für den Fisch sonst noch roh wäre.

Zutaten:

- 4 Rindsrouladen à 180 g
- 200 g geräucherter Brustspeck
- 1/4 l kräftiger Rotwein
- 2 EL scharfer Senf
- 2 Karotten, 4 Zwiebeln
- 1 Petersiliensträußchen
- 1/2 Sellerieknolle
- 3 Knoblauchzehen
- 100 g Petersilienwurzel

Vorrätig: Salz, Pfeffer, Tomatenmark, Rosmarin, Thymian, Majoran, Lorbeer, Butterschmalz

Rezept

Vier Scheiben von der Rinderoberschale, von der Nuss oder auch vom Rumpsteak werden möglichst flach geklopft oder ähnlich wie beim Carpaccio, nur nicht so dünn, zwischen Küchenfolie etwa 1/2 Zentimeter dick gewalzt. Für die Füllung schneidet man Räucherspeck ohne Knorpel in feine Streifen, ebenso 2 Zwiebeln, brät alles zusammen mit 2 TL gehacktem Knoblauch in etwas Butterschmalz glasig an. Gewürzt wird mit Salz, schwarzem Pfeffer aus der Mühle, Thymian und Rosmarin. Die Fleischscheiben werden leicht gesalzen, gepfeffert und mit je 1 TL Senf bestrichen. Die Füllung wird gleichmäßig auf dem Fleisch verteilt, die Scheiben auf den kurzen Seiten eingeschlagen, längs gerollt und mit Zahnstochern zusammengesteckt. Die Rouladen in Butterschmalz braun anbraten, je eine Tasse gewürfelte Karotte, Petersilienwurzel und Sellerie sowie zwei grob gehackte Zwiebeln zugeben und einen Teelöffel Tomatenmark kurz mitrösten. Dann mit einem kräftigen Rotwein ablöschen, Fleischbrühe angießen und zwischendurch – bei Bedarf – etwas Wasser nachgeben. Wichtig ist, dass die Rouladen in einer möglichst gusseisernen Kasserolle dicht nebeneinander garen. So bleiben die Rouladen saftig und laugen im Sud nicht aus.

Profi-Tipp

Udo Rink, Koch aus Bad Peterstal, empfiehlt für die Rindsroulade scharfen Dijonsenf.

Sauerbraten vom Rinderbug

Er gehört zur Dreieinigkeit der Badischen Küche / Erstklassige Qualität der Marinade unerlässlich

Verschiedene Stücke vom Rind eignen sich als Sauerbraten. Hochrippe, falsches Filet, Schwanzrolle, dicker Bug oder Bugblatt können eingelegt werden. Letzteres besitzt eine längs durchs Stück verlaufende Sehne, landläufig auch als Flechse bezeichnet. Beim Braten wirkt diese gelatinöse Substanz wie Spickspeck und bewahrt das Fleisch vor dem Austrocknen. Auch lässt sich das rollenförmige Bugblatt in schöne Scheiben schneiden. Wer sich dann mit dem vermeintlichen Fett im Fleisch nicht anfreunden kann, schneidet´s halt weg. Vor den Genuss hat Lukull aber neben einem fachmännischen Einkauf das Einlegen, das Marinieren gestellt, und hier kommt es zum einen auf gutes, möglichst Ortenauer Rindfleisch, und zum zweiten auf den geeigneten Rotwein an. Der Rebensaft soll trocken, recht kräftig und farbstark sein. Dornfelder, Regent oder Merlot haben hier gegenüber Spätburgunder Vorteile. Ein Lorbeerblatt, eine mit Nelken gespickte Zwiebel, ein Thymianzweig, eine quer halbierte Knoblauchzehe reichen vorerst als Aromaten. Wer die drei, vier Tage, während derer das Fleisch marinieren sollte, nicht aufbringen kann, legt dieses am Vortag in gut warmen Rotwein und Rotweinessig, knetet es nicht allzu kräftig 10 Minuten durch und lässt es an einem warmen Ort ziehen.

Zutaten:

- 2 Kilo Rinderbug
- 1 Pfund Kalbsknochen
- 1/2 l trockener Rotwein
- 1/4 l bester Rotweinessig
- 4 Tassen grob zerteilte Zwiebeln, Karotten, Sellerie, Lauch
- 1 quer halbierte Knoblauchknolle
- 200 g Butterschmalz
- 100 g blanchierte Speckschwarte
- 1 Zwiebel
- 400 ml Kalbsfond
- 2 EL Tomatenmark, 50 g braune Mehlschwitze
- Vorrätig: Salz, schwarzer Pfeffer, 2 Lorbeerblätter, 3 Nelken

Rezept

Das über drei bis vier Tage marinierte Fleisch sorgfältig mit Küchenkrepp trocknen. Mit Salz und schwarzem Pfeffer aus der Mühle einreiben und von allen Seiten in Butterschmalz scharf anbraten. Derweil lässt man in einer gusseisernen Kasserolle ebenfalls in Schmalz blanchierte Speckschwarte, ein paar Knochen, die getrockneten Aromaten sowie zusätzlich grob zerteilte Stücke von Karotten, Sellerie, Lauch, Zwiebel und etwas Tomatenmark anschwitzen. Jetzt legt man das Bratenstück darauf, gießt halbhoch mit Marinade auf und bindet leicht mit brauner Mehlbutter. Bei mittlerer Hitze gart der Braten unter öfterem Drehen je nach Qualität 2 bis 4 Stunden im Backofen. Rutscht das Fleisch leicht von der Gabel, dürfen als Beilagen die breiten Nudeln ins seperate Kochwasser. Wer´s mag, passiert die verkochten Gemüse durch ein Sieb oder durch die „Flotte Lotte“. Andernfalls die Sauce abgießen, eventuell mit Mehlbutter nachbinden, dann aber noch mal mindestens eine Viertelstunde köcheln lassen. Das Schmorgemüse auf jeden Fall mitservieren. Wenn die Nudeln mit abgeschmälzten gerösteten Weißbrotkrumen aufgetragen werden, umso besser.

Profi-Tipp

Stefan Dorner vom Gasthaus „Aiple“ in Haslach gibt beim Sauerbraten ein Gläschen Cognac und eine Prise Nelkenpulver in die Sauce.

Ochsenschwanz: Das Gute am Ende

Ein gutes Ding, das viel Weile braucht / Je weicher, desto besser
Ihn sollte man mit dem Löffel essen können

Dass es sich bei diesem Gericht durchaus nicht um rustikale Kochkunst allein handelt, beweisen Spielarten, wie ausgebeinter Ochsenschwanz, auch in der Grande Cuisine unserer Nachbarn. Das ist aber beim Metzger des Vertrauens eher ein Stiefkind. Weshalb, merkt der heimwerkende Kulinariker spätestens dann, wenn er versucht, den Schwanz seiner Knochen und Knorpel zu berauben. Abgesehen von der Verletzungsgefahr verpassen Sie die Tagesschau, auch wenn Sie morgens damit beginnen. Dass dabei zusätzlicher Arbeitsaufwand für eine gute Sauce anfällt, den man sich bei der klassischen Zubereitung erspart, macht das Verkünsteln nicht eben reizvoller. Für den Kenner braucht´s diese Koketterie auch gar nicht. Ochsenschwanz wird am besten, wenn er ohne Schnörkel zubereitet wird. Sie bestellen ihn einfach beim Metzger, verlangen möglichst große Stücke, weil man da leichter ans Fleisch herankommt, und lassen diese durch die Wirbel zu ca. 5 Zentimeter dicken Teilen durchschneiden. Wer´s mag, kann diese für einige Tage zusammen mit Wurzelgemüse in Rotwein einlegen. Ob das was bringt, schaden kann´s aber nicht.

Zutaten:

- 2 Kilo Ochsenschwanz
- 100 g Brustspeck
- 4 EL Butterschmalz
- 2 kleingeschnittene Zwiebeln
- 1 quer halbierte Knoblauchknolle
- 3 Tassen Wurzelgemüse in Stücken
- 1 EL Tomatenmark, 1 EL Paprika
- 1 Zweig Thymian, 2 Nelken
- 2 Lorbeerblätter, 5 cl Weinbrand
- 1 l kräftiger Rotwein, 1/2 l Kalbsfond
- Vorrätig: Salz, schwarzer Pfeffer

Rezept

Für die klassische Zubereitung nach Art der Großmutter braucht es auf jeden Fall eine schwere Kasserolle oder ein ähnliches Behältnis. Darin werden die abgetrockneten Schwanzstücke in fast rauchendem Butterschmalz ringsum zusammen mit Speckwürfeln kräftig angebraten. Nun gibt man in Stücke geschnittene Zwiebeln, Karotten, Sellerie, Lauch und Knoblauch zu, lässt diese ordentlich mit angehen und fügt Tomatenmark bei, das ebenfalls angeröstet werden soll. Abgelöscht wird mit einem farbkräftigen alkoholstarken Rotwein und mit Kalbsfond oder Fleischbrühe. Den Bratensatz lösen, mit Paprikapulver, schwarzem Pfeffer und Salz würzen, Nelken, Lorbeerblatt und Thymian zugeben. Das Ganze gute 4 Stunden bei mittlerer Hitze zugedeckt im Ofen garen. Eigentlich sollte man sich bei diesem Gericht auf die Zubereitung unserer Altvordern beschränken. Natürlich kann man die Chose im modernen Kombigarer über Nacht bei Niedrigtemperatur vor sich hinschmurgeln lassen. Aber so richtig gelingt es nur nach Großmutter Art. Grundregel: Das Fleisch muss sich mit einem Löffel vom Knochen lösen lassen. Den Bratenfond treibt man durch eine „Flotte Lotte“, passiert ihn durch ein Sieb und kocht ihn bei Bedarf mit brauner Mehlschwitze nochmals 15 Min. durch. Zwei Gläschen Cognac, eines für Koch oder Köchin, eines in die Sauce, sind vertretbar. Ochsenschwanz schmeckt besonders gut, wenn man die Knochen abnagen kann.

Profi-Tipp

Edi Baier, Chef in „Bauhöfers Braustübl“ in Renchen-Ulm, empfiehlt in die Sauce einen Schuss Madeira.

Bäckle vom Kalb oder Rind: Zarter geht's fast nicht mehr

Noch ist dieser Teil vom Rinds- oder Kalbskopf nur in wenigen Fachgeschäften erhältlich
Vorbestellungen werden gerne entgegengenommen

Ob es an der mangelnden Kochkunst der vergangenen Jahrzehnte oder an der Bequemlichkeit liegt, dass Kopffleisch allgemein, insbesondere aber dass das Bäckle von Rind und Kalb eher selten auf die Tafel kommt, bleibt sich eigentlich egal. Besonders dieser Teil vom Kalbskopf erfreut sich aber zunehmender Beliebtheit, und wer gerne kocht, kann sich auch mal an den Rinderbäckle versuchen. Das gelatinös durchwachsene Backenfleisch gerät unvergleichlich zart, und beim langsamen Garen werden die Fleischfasern durch das Bindegewebe saftig gehalten. Das braucht dann gute zwei bis drei Stunden Zeit im Backofen oder in der gusseisernen Kasserolle, aber der Genuss ist fast schon als himmlisch zu bezeichnen. Dass auch die Kukidentfraktion voll auf ihre Kosten kommt, wird durch die empfohlene Beilage, ein mit reichlich Butter zubereitetes Püree, garantiert. Das Fleisch selbst ließe sich mit dem Löffel zerteilen, und dies, ohne dass es faserig oder gar trocken wird.

Für 6 Portionen:

- 1,5 kg Kalbs- oder Rinderbäckle
- 250 g geräucherter Brustspeck
- 100 g Butterschmalz
- 5 Zwiebeln
- 1 Staude Sellerie
- 4 Karotten
- 100 g Petersilienwurzel
- 1 1/4 l trockener Müller-Thurgau oder 1 l kräftiger Rotwein

Vorrätig: Olivenöl, Salz, Pfeffer, Knoblauch, Thymian, Lorbeer, Grundsauce (s. S. 40)

Rezept klassisch

3 Pfund Rinderbäckle werden sorgfältig pariert, also von Fett und Häuten befreit, und in Würfel von 5 Zentimeter Seitenlänge geschnitten. Über Nacht mit 3 EL Olivenöl, Salz, schwarzem Pfeffer, 1 Zweig Thymian und 2 Lorbeerblättern in 1/4 l trockenen Müller-Thurgau einlegen. Anderntags 250 g in Streifen geschnittenen Brustspeck kurz blanchieren. 100 g Butterschmalz in einer Gusseisenkasserolle erhitzen, das Fleisch sowie vier gewürfelte Karotten und den Speck zugeben. Mit der Marinade ablöschen. Drei zerdrückte Knoblauchzehen und fünf geschälte und geviertelte Zwiebeln zugeben, mit 1 l Müller-Thurgau angießen. 15 Min. kochen lassen, abschäumen, zudecken und 3 Stunden auf schwacher Hitze garen lassen. Sauce reduzieren, bei Bedarf mit Grundsauce aufgießen.

Rezept modern

3 Pfund Kalbsbäckle parieren und in einem Liter kräftigem Rotwein einen Tag mit je zwei Tassen in Würfel geschnittenen Karotten, Sellerie und Petersilienwurzel sowie einer Knolle Knoblauch, Thymian, Lorbeerblatt, Salz und schwarzem Pfeffer marinieren. Fleisch und Zutaten in die Wanne des Dampfgarers legen, halbhoch mit Marinade aufgießen und mit Kerntemperatur von 75° über Nacht reifen lassen. Die fertigen Bäckle in Scheiben schneiden, den Fond reduzieren, mit Grundsauce aufgießen und abschmecken.

Profi-Tipp

Stefan Laier, Küchenchef im Landgasthaus „Krone" in Ortenberg, mariniert seine Kalbsbäckle in 14,5-prozentigem Rotwein.

Gefüllte Kalbsbrust: Die wunderbare Fleischvermehrung

Brot oder Wurstbrät, das ist hier die Frage / Gut sortierte Bäckereien bieten am Oberrhein altbackene Brotwürfel an

Es war vor nicht allzu langer Zeit alles andere als kulinarische Koketterie, wenn man Fleisch, Geflügel oder Fisch mit einer Füllung versah. Wer am Familientisch eine Herde hungriger Mäuler zu stopfen hatte, musste sich einiges einfallen lassen, um den Kampf ums tägliche Brot nicht auch noch am Sonntagstisch handgreiflich auszutragen. Einmal mehr beweist sich hier die badische Kochkunst, die auch aus einfachen und preiswerten Dingen Gutes zubereiten lässt. Treffliches Beispiel ist die gefüllte Kalbsbrust. Altbackenes Brot spielt hier für die Füllung, allenthalben auch Füllsel genannt, zumindest von der Menge her die Hauptrolle. Weil heute trockenes Brot im Haushalt kaum mehr zu finden ist oder gleich entsorgt wird, bieten die Bäckereien die getrockneten Brotwürfel für die Füllung einer Kalbsbrust gleich mit an. Ohne Brot entspräche dieses Gericht kaum seiner Bestimmung, ein preiswertes Essen zu sein. Es ist aber zulässig, unter die Brotfüllung etwas Wurstbrät vom Kalbfleisch zu mischen.

Zutaten:

- 1 Kilo Kalbsbrust
- 1 halbierter Kalbsfuß, Fleischbrühe
- 3 Tassen trockene Brotwürfel
- 1/4 l Milch oder Sahne
- 2 Eier, 2 EL Schalotten, 1 Strauß Petersilie
- 1 Zwiebel, 3 Knoblauchzehen, 1 Karotte
- Sellerieknolle, 1 dl trockener Müller-Thurgau
- Vorrätig: Salz, schwarzer Pfeffer, Muskat, Majoran, Thymian, Paprika, Butterschmalz, Lorbeerblätter

Rezept

Kalbsbrust, die durchaus auch ein bisschen fett sein darf, besorgt man sich vom Metzger, von entsprechender Größe und fertig eingeschnitten mit einer Tasche versehen. Drei Tassen getrocknete Brotwürfel werden in Milch kurz eingeweicht. Anschließend lässt man sie in einem Sieb abtropfen und gibt sie in eine große Schüssel. Mit zwei verquirlten Eiern, 1 TL Salz, 1/2 TL schwarzem Pfeffer aus der Mühle, einer Prise Muskat und je 2 EL in Butter gedünsteten feingeschnittenen Schalotten und Petersilie werden die Brotwürfel vermischt, wobei diese möglichst ganz bleiben sollen. Nach Belieben sorgen Majoran und Thymian, auch ein Glas trockener Weißwein für zusätzliches Aroma. Die Masse wird nun nicht zu fest in die innen und außen mit Salz, Paprika und schwarzem Pfeffer eingeriebene Tasche der Kalbsbrust gestopft, diese zugenäht und in einer großen Kasserolle mit 2 EL Butterschmalz ringsum goldbraun angebraten. Sodann lässt man eine grob gehackte Zwiebel, drei Knoblauchzehen, eine Tasse Selleriewürfel, eine Tasse Karottenscheiben, ein Lorbeerblatt und einen Strauß Petersilie sowie einen halbierten Kalbsfuß mit angehen und gießt mit Fleischbrühe oder Kalbsfond halbhoch auf. Sobald die Flüssigkeit aufkocht, setzt man den Deckel auf und gart die Kalbsbrust bei 170° etwa 90 Min. im Backofen. Wenn das Fleisch gar ist, legt man es auf eine vorgewärmte Platte und hält es im abgestellten Backofen warm. Den Bratenfond gießt man durch ein Sieb, drückt die Gemüse gut aus und würzt eventuell nach. Nun rührt man (auf 1/2 l Sauce 50 g) eiskalte Butterstückchen unter, bis diese sich vollständig aufgelöst haben.

Profi-Tipp

Pavel Pospisil, Chef in der „Krone" in Oberbruch bei Bühl, empfiehlt gewürfeltes Toastbrot zur Füllung der Kalbsbrust.

Das beste Fleisch sitzt am Kopf: Kalbskopf

Er schmeckt kalt oder warm, gewürfelt oder gerollt,
in Madeira oder mit Vinaigrette

Um ein Haar wäre der Kalbskopf aus der badischen Gastronomie sang- und klanglos verschwunden. Zeitraubend und aufwendig ist die Zubereitung, und die gallerigen Teile sind sowieso nicht jedermanns Sache. Dabei sind die Liebhaber dieser Spezialität nicht ausgestorben. Die fahren entweder über den Rhein zu unseren alemannischen Vettern, oder sie sind Stammkunden in den wenigen Gasthäusern, welche sich hierzulande die Zeit nehmen für diese Köstlichkeit. Genau genommen gehören zum Kalbskopf natürlich die Zunge, das Hirn und das Briesle. Letztere spielen weniger eine Rolle, und seit in einigen Metzgereien so genannte Masken, also das schiere Kopffleisch ohne Knochen, dafür mit Zunge, angeboten werden, kann sich die vielbeschäftigte Hausfrau auch ohne 20-Liter-Topf an den Kalbskopf heranwagen. Wesentlich einfacher gerät das Unternehmen, wenn man sich auf die Bäckle des jungen Rinds beschränkt. Aber das ist dann ein anderes Rezept.

Zutaten:

- 1,5 Kilo Kalbskopf (Maske)
- 2 Karotten
- 1/2 l Müller-Thurgau
- 1 Kräutersträußchen
- 2 dl Madeira
- 1/2 l Grundsauce (s. S. 40)
- 1 Bio-Zitrone, 2 Essiggurken
- 2 hartgekochte Eier
- 8 Blätterteigfleurons
- Salbei, Basilikum, Rosmarin, Thymian
- Majoran, Petersilie, Nelken
- Vorrätig: Salz, Pfeffer, Essig, Tomatenmark, Zwiebel, Grundsauce, Lorbeer

Rezept

Fleisch und Zunge von einem halben Kalbskopf werden mit kaltem Wasser und trockenem Müller-Thurgau sowie einem Schuss Essig aufgegossen und mit einer viertel Zitrone, einer mit drei Nelken gespickten Zwiebel, einem Kräutersträußchen sowie Salz und einigen Pfefferkörnern zum Kochen gebracht. Nach 10 Minuten schäumt man ab und lässt das Fleisch so lange ziehen, bis sich ein Strohhalm problemlos einstechen lässt. Kurz vor dem Ende der Kochzeit setzt man einen Sud aus 3 dl Kalbsfond (praktischerweise Kochbrühe), Salbei (3 g), Basilikum (2 g), Majoran, Thymian, Rosmarin (je 1 g) sowie einem Lorbeerblatt und einer Prise Petersilie an. Die ersten fünf Kräuter sind die „Schildkrötenkräuter", und daher kommt auch der Begriff „Kalbskopf en tortue", auf Schildkrötenart. Dieser Sud wird mit 1/2 l Grundsauce, mit 1 EL abgeröstetem Tomatenmark auf die Hälfte eingekocht und durch ein feines Sieb passiert. Je nach Gusto mit mehr oder weniger Madeira vollenden. Sobald das Fleisch gar ist, entfernt man eventuelle Reste der rauen Zungen- und Gaumenhaut, schneidet alles in mundgerechte Würfel, verteilt diese auf einer heißen Platte, gießt die Sauce an und garniert den Kalbskopf mit geviertelten Eiern, Oliven und Blätterteigfleurons. Als Beilage eignen sich Salzkartoffeln oder auch Reis.

Profi-Tipp

Markus Dirr, Koch, Metzgermeister und Traiteur in Endingen, empfiehlt besonderst im Sommer Carpaccio vom Kalbskopf mit Vinaigrette.

Die Krönung der badischen Kochkunst: Omas Kalbsnierenbraten

Die besten Stücke vom Kalb werden zu einem herrlichen Gericht vereinigt

Hier ist der Metzgermeister gefragt / Je jünger, desto besser

Ein Festtagsbraten der Sonderklasse ist im Schwarzwald der Kalbsnierenbraten. Das Nierstück, zwischen der Hüfte und den Rippen, zählt zu den besonders feinen und deshalb auch teuren Stücken vom eh nicht billigen Kalb. Tiere, wie sie heute im Handel angeboten werden, sind für diesen Braten meist zu groß. Am besten eignet sich ein Milchkalb von 60 oder 70 Kilo. Dann ist die Gewähr, dass das Fleisch zum Garen nicht länger braucht als die Nieren, relativ hoch. Oft geraten die köstlichen Innereien, die rosa gegart ihren Geschmack am besten offenbaren, durch zu langes Braten fest und grießig. Moderne Küchentechnik erlaubt eine komfortable Zubereitung des Kalbsnierenbratens nach der Niedertemperaturmethode im Kombidämpfer. Doch in der klassischen Gusseisenkasserolle gelingt er mit ausreichender Erfahrung mindestens ebenso gut. Die Haut wird so knuspriger. Genau so wichtig wie die Qualität ist der Zuschnitt des Fleisches. Hier ist der Metzger gefordert – und natürlich eine rechtzeitige Bestellung.

Für 4 Portionen beim Metzger bestellen:

- 2 kg Kalbsnierenbraten
- 2 Karotten
- 2 Zwiebeln
- 150 g Butterschmalz
- 5 cl trockener Müller-Thurgau
- 2 dl Crème fraîche oder Doppelrahm
- 400 ml Kalbsfond
- Vorrätig: Salz, Pfeffer, Lorbeer, Mehl, Butter

Rezept

Die Vorbereitungen überlässt man dem Metzgermeister. Der schneidet die Bauchlappen so, dass die Nieren komplett darin eingewickelt werden können. Jetzt sollte man sich voll auf den Bratvorgang konzentrieren. Nachdem das Fleisch mit Salz und schwarzem Pfeffer aus der Mühle gewürzt und in Form gebunden wurde, lässt man es zusammen mit 2 Tassen Karotten in Scheiben und zwei Tassen Zwiebeln in einer schweren Kasserolle in genügend Butterschmalz auf allen Seiten braun angehen. Nun gart es unter häufigem Begießen mit Kalbsfond so lange, bis das Fleisch noch leicht rosa ist. Solcherart und keinesfalls blutig sollte auch der Saft sein, der beim tiefen Einstechen an der Stelle, wo die Nieren sitzen, nach ca. anderthalb bis zwei Stunden (bei ca. 170°) austritt. Ein Bratenthermometer leistet hierbei nützliche Dienste. Jetzt lässt man den Kalbsnierenbraten im abgestellten Ofen noch 10 Minuten auf einer vorgewärmten Platte ruhen, gießt den Fond durch ein Sieb in einen Topf ab, löst den Bratensatz mit 5 cl trockenem Müller-Thurgau und gibt diesen mit Crème fraîche ebenfalls zum Fond. Den bringt man mit zusätzlichem Kalbsfond auf die gewünschte Menge, prüft die Würze und bindet mit etwas Mehlschwitze und eiskalten Butterwürfeln. Als Beilage eignen sich breite Nudeln, und ins Glas eine trockene Müller-Thurgau Spätlese.

Profi-Tipp

Johannes Stigler aus der gleichnamigen Metzgerei in Gengenbach empfiehlt regelmäßiges Übergießen mit heißem Butterschmalz.

Der ultimative Festtagsschmaus: Kalbsrücken

Das teuerste Vergnügen aus Omas Küche / Wenn der Knochen für Aroma sorgt
Nicht der billigste, aber der beste Weihnachtsbraten

Vor nicht allzu langer Zeit war das Kalb eine unerhörte Delikatesse, vor allem in ländlichen Gegenden. Weil ein schwerer Ochse mehr einbrachte als sein zarter Neffe oder seine Nichte, überlebte der Nachwuchs im Interesse der Hofkasse unbehelligt. Umso mehr wurde Kalbfleisch geschätzt, war Paradestück auf der Hochzeitstafel. Der anspruchsvollste Teil des jungen Rinds ist ohne Zweifel der Rücken, sieht man vom Filet einmal ab. Ob Rahmschnitzel, ob Kalbsröllchen, ob Ragout, wenn diese Gerichte besonders gut schmecken sollen, dann werden sie aus dem Karree geschnitten, jenem Stück, das sich über den Rippen befindet. Besonders hedonistisch gerät die Übung, wenn gerade mal ein paar Wochen alte Milchkälber dem Genuss zum Opfer fallen. Das muss es aber wirklich nicht sein, und wer keinen Landwirt oder Viehzüchter kennt, der seine Kälber per Eimer mit Vollmilch aufzieht, braucht deswegen auch nicht zu darben. Den Rücken kennt Otto Normalgenießer am ehesten vom Kalbskotelett, einer viel zu wenig servierten Köstlichkeit. Die Würze des Knochens, die hier besonders zur Geltung kommt, verleiht einem im Ganzen gebratenen Rippenstück das besondere Etwas. Da braucht´s aber gute Kochkenntnisse, und wer sich seiner Küchenkunst nicht sicher sein kann, der sollte seinen Kalbsrücken besser in Portionsstücke, sprich Koteletts teilen.

Für 8 bis 10 Portionen:

- 3 kg Kalbsrücken pariert
- 500 g Kalbsknochen
- 150 g Bardierspeck
- 150 g Butterschmalz
- 400 ml Kalbsfond
- 100 g Butter
- 1 dl Grauburgunder
- 2 Karotten, 2 Zwiebeln, 1/2 Sellerie
- Vorrätig: Meersalz, schwarze Pfefferkörner

Rezept

Ein doppeltes Kalbskarree ohne Deckel von ca. 3 Kilo wird entlang des Rückgrats beidseitig tief eingeschnitten, mit 2 EL Meersalz und schwarzem Pfeffer aus dem Mörser eingerieben. In einer Gusseisenkasserolle lässt man zerhackte Kalbsknochen sowie je zwei Tassen grob zerteilte Karotten, Zwiebeln und Sellerie in 150 g Butterschmalz kräftig anschwitzen, brät darin den Rücken rundum goldbraun an, legt ihn dann mit der Bauchseite nach unten auf das Gemüse, bedeckt ihn mit Spickspeck und gart im Ofen bei ca. 160° bei fleißigem Begießen. Wenn das Fleisch eine Innentemperatur von 60° aufweist, dann entspricht die Garstufe dem heutigen Standard. Mehr wäre eine Missachtung der Fleischqualität. Den solcherart gegarten Rücken im maximal 90° heißen Ofen 15 Minuten ruhen lassen, den Bratenfond mit 1 dl Grauburgunder und 400 ml Kalbsfond ablöschen, auf die Hälfte einkochen und mit eiskalten Butterstückchen montieren.

Profi-Tipp

Gerd Körkel, Patron in der „Kinzigbrücke“ in Willstätt, übergießt den garen Rücken zum Schluss mit heißer Butter, gewürzt mit Rosmarin und Thymian.

Heute wieder voll im Trend: Rahmschnitzel

In Baden muss es vom Kalb sein / Übung macht den Meister
Gruß aus der „Kinzigbrücke"

Zutaten klassisch:

4 Kalbsschnitzel à 120 g
2 EL Butterschmalz
1 EL Mehl
1/4 l Süßrahm 40%
5 cl Müller-Thurgau trocken
Zum Aufmontieren:
50 g eiskalte Butterstückchen

Zutaten modern für die Sauce:

50 g Mehl, 50 g Butter
400 ml Kalbsfond, 400 ml Süßrahm 40 %
Vorrätig:
Salz, Pfeffer, Weißwein, Butterschmalz

Ein gutes Rahmschnitzel zu bereiten, kann sehr einfach sein, wenn man weiß, wie. Dass auch ohne Vorwarnung Schweinefleisch dafür verwendet wird, damit könnte man zur Not ja noch leben. Dass sich aber die Industrie gnadenlos des Begriffs bedient und fix, dem Renommee wenig zuträglich, eine Mischung der Marke Flott und Fertig in Tüten verteilt, hat einen nicht zu wiederlegenden pädagogischen Effekt. Wer´s nämlich einmal richtig nach alter Schule zubereitet, der merkt den Unterschied und gelobt Besserung. Ob als Fleisch nun Kalbsoberschale, Hals, oder, gleich auf Nummer sicher, Kalbsrücken in die Pfanne darf, bleibt dem jeweiligen Gusto und Geldbeutel überlassen. Als Bratfett kommt ausschließlich Butterschmalz in Frage, ob´s nun der Kalorientabelle und dem Cholesterindiktat entspricht oder nicht. Der Rahm sollte nicht unter 40 Prozent Fettgehalt liegen. Ein Schüsschen Weißwein zum Ablöschen hebt den Genuss. Ansonsten braucht´s den kulinarischen Daumen, um die Garstufe des Schnitzels richtig zu ertasten. Und noch was: Die Sauce ist immer nur so gut wie die Spätzle dazu.

Rezept klassisch

In einer großen Gusseisen- oder Stahlblechpfanne Butterschmalz zergehen lassen. 4 nicht zu dünne, geklopfte Kalbsschnitzel mehlieren, abschütteln, leicht salzen und mit schwarzem Pfeffer aus der Mühle würzen. Im Butterschmalz kurz vor dem Rauchpunkt auf beiden Seiten so anbraten, dass das Mehl eine gut braune Farbe erhält. Mit einem Schuss trockenem Müller-Thurgau ablöschen, mit möglichst fettem Süßrahm bis auf Höhe der Schnitzel aufgießen, mit einem Holzspatel den Bratensatz lösen und auf hoher Hitze den Rahm einkochen, bis der auf dem Pfannenboden Blasen wirft. Garpunkt prüfen, Schnitzel auf einer gut heißen Platte anrichten, eiskalte Butterwürfel in die Pfanne einschwenken, bis sie sich aufgelöst haben. Über die Schnitzel geben und sofort mit Spätzle servieren.

Rezept modern

Schnitzel vom Kalb oder von der Pute mit dem Handballen flachdrücken. Aus blonder Mehlschwitze, Kalbsfond, Rahm und Weißwein eine Sauce anrühren und mindestens eine halbe Stunde köcheln lassen. Schnitzel salzen und pfeffern, in Butterschmalz auf beiden Seiten so lange braten, bis sie unter Daumendruck nur schwach nachgeben. Bratensatz mit einem Schuss Wein lösen, Sauce angießen, nochmals fünf Minuten ziehen lassen und auftragen.

Profi-Tipp

Küchenmeister Gerd Körkel, Wirt der „Kinzigbrücke" in Willstätt, empfiehlt zum Anbraten selbst ausgelassenes Butterschmalz.

Lamm

Schwein

Wer zu spät kommt, macht halt ein Schäufele warm

Die gepökelte Schweineschulter gilt als traditionelles Essen an Heiligabend
Kochbrühe für Kartoffelsalat verwenden / Auch Linsen passen gut

Wenn es einen Anlass gibt, an dem die Hausfrau nicht den ganzen Tag am Herd verbringen soll, dann ist dies Heiligabend. Traditionell gestaltet sich der Familientisch an diesem wohl stimmungsvollsten Tag im Jahr eher einfach. Im Badischen hat das Schäufele Hausrecht, ist relativ schnell zubereitet, dabei preiswert und schmackhaft. Es ist die Schulter vom Schwein, mit einem Knochen, der einem Schaufelblatt ähnelt – daher der Name. Gepökelt und geräuchert lässt es sich problemlos aufbewahren. Zusammen mit Kartoffelsalat stellt das Schäufele das klassische Essen am Heiligen Abend. Die Gründe dafür liegen auf der Hand. Zum einen gart dieses Essen von alleine, zum anderen läuft der Kartoffelsalat zur Köstlichkeit auf, wenn er mit der Kochbrühe des Fleisches angemacht wird. Dass die Mahlzeit auch preiswert gerät, kommt der weihnachtlichen Strapaze des Geldbeutels zupass. Auch wer vom Kochen gar keine Ahnung hat, muss deshalb auf das Schäufele nicht verzichten: Seit einigen Jahren bietet der Handel das Stück auch in Folie eingeschweißt an. Dann braucht es nur noch in der Verpackung knapp eine Stunde in kochendem Wasser ziehen. So gerät dieses Fleisch am schmackhaftesten, weil es nicht auskocht. Allerdings muss man dann auf die Brühe weitgehend verzichten. Die braucht man aber für den Kartoffelsalat, für viele Feinschmecker unverzichtbare Beilage.

Rezept

Wer sein geräuchertes Schäufele nach Großmutterart zubereiten möchte, setzt einen Sud mit 2 Litern Wasser, 1/2 l trockenem Müller-Thurgau, 1 geviertelten Zwiebel, 2 zerdrückten Knoblauchzehen, 2 Lorbeerblättern, 10 Pfefferkörnern und 1 TL Meersalz an. Diesen bringt man zum Kochen, lässt eine Weile sieden und legt dann ein Schäufele von zirka drei Pfund ein.

Für 6 bis 8 Portionen:

1 1/2 kg Schäufele
1/2 l trockener Müller-Thurgau
1 große Zwiebel
2 Knoblauchzehen
100 g Butter
Zu Hause vorrätig: Meersalz, schwarze Pfefferkörner, Lorbeerblätter

Wenn das Stück von der Gabel rutscht, je nach Gewicht etwa nach einer Stunde, ist das Fleisch gar. Zwischenzeitlich macht man den Kartoffelsalat an. Gleich nach welchem Hausrezept dieser zubereitet wird – für die Marinade sollte auf jeden Fall reichlich von der heißen Schäufelebrühe verwendet werden. Das fertige Schäufele lässt man vor dem Anschneiden etwa 10 Min. im Warmen ruhen. Als Beilage eignen sich neben dem Kartoffelsalat auch Linsen oder ein Püree aus Sellerie und Kartoffeln. Auch Wintergemüse wie Karotten oder Rosenkohl passen gut.

Profi-Tipp

Hansjörg Glattfelder, Küchenmeister in Karl Stiglers Partyservice, serviert das Schäufele auch mit „Mostarda", italienischen Senffrüchten.

Der Schinken – einst Inbegriff üppigen Essens

Ob zum Vesper oder als Festessen: Entscheidend ist auch die ordentliche Portion
Vorzugsweise für gute Esser / Dennoch gilt: Klasse vor Masse

Schinken und Würste waren einst auf den Bauernhöfen des Schwarzwaldes ständig verfügbare Köstlichkeiten. Geräuchert hielten sie über Monate und dienten in der Regel dem täglichen Vesper. An besonderen Festtagen wurde schon mal ein ganzer Schinken oder ein Rollschinken in Rotwein bereitet. Als kalte Platte war Schinken, aufgeschnitten und appetitlich dekoriert, auf Hochzeiten unverzichtbar. Zusammen mit Rinderzunge bildete er das Rückgrat einer festlichen Zwischenmahlzeit. Weil der Schinken der Haltbarkeit wegen stark gesalzen war und im Rauch trocken wurde, musste er für einen Tag gewässert werden, um das Fleisch aufquellen zu lassen. Anschließend ließ man den Schinken über vier bis fünf Stunden in schwach siedendem Wasser garen. Dabei wurde auch das überschüssige Salz entzogen, was das Fleisch in weichem Zustand erst genießbar machte. Diese Arbeit kann man sich heute sparen. Küchenfertige Schinken oder Rollschinken sind auch in kleineren Portionen allenthalben erhältlich. Der Metzger richtet auf Bestellung das passende Stück.

Rezept

Für vier Personen empfiehlt sich ein Stück von 3 Pfund. Dieses blanchiert man für 10 Minuten in kochendem Wasser, legt es anschließend in eine Kasserolle. Dazu gibt man 1 Tasse feingeschnittene Zwiebel, 1 Tasse grob gewürfelten Sellerie, ein Kräutersträußchen aus Petersilie, einem Thymianzweig, einem Lorbeerblatt sowie etwas Estragon und füllt mit 1/2 Liter kräftigem Spätburgunder Rotwein von wenigstens 13 % Alkohol auf. Im Backofen lässt man den Schinken unter ständigem Begießen etwa eine Stunde bei 200° garen. Wenn er von der eingestochenen Fleischgabel rutscht, ist er gar. Wer nun was fürs Auge tun möchte, legt den Schinken auf eine feuerfeste Platte und bestreicht ihn unterm Grill so lange mit eingekochtem Bratenfond, bis die Oberfläche eine schöne braune Farbe erhält. Die übrige Flüssigkeit in der Kasserolle gießt man mit 2 dl ungesalzenem Kalbsfond auf, löst den Bratensatz und passiert alles durch ein Sieb. Diese Sauce wird auf großer Hitze um ein Drittel eingekocht. Zur Bindung rührt man 100 g eiskalte Butterstückchen unter, bis sie sich ganz aufgelöst haben. Als Beilage passen Rahmkartoffeln und Blumenkohl, Rosenkohl oder Karotten. Ins Glas eignet sich eine trockene Ortenauer Spätburgunder Rotwein Auslese.

Für 4 Personen:
1 1/2 kg Schinken oder Rollschinken
1 Zwiebel
1/2 Sellerieknolle
1 Kräuterbukett aus Thymian, Lorbeer, Petersilie und Estragon
1/2 l trockener kräftiger Rotwein
2 dl Kalbsfond
100 g Butter

Profi-Tipp

Heinrich Spinner, Metzgermeister in Durbach, empfiehlt die Zubereitung des mild geräucherten Schinkens in Klingelberger Riesling.

Schmackhaft und preiswert: Bäckle vom Borstenvieh

Eine fast in Vergessenheit geratene Spezialität / Beim Schlachtfest und auf der Tafel Gekocht, gedünstet, geräuchert oder gebraten ein Hochgenuss

Bekanntlich sitzt das beste Fleisch am Kopf. Das ist beim Fisch wie beim Schwein, beim Kalb oder Rind nicht anders, und wo die Forellenliebhaber die Kinnbäckchen akribisch heraustüfteln und der Angebeteten zum Abschluss des Mahles servieren, gehören die Schweinebäckle beim Schlachtfest dem Hausherrn. Aus unseren Metzgereien war diese rustikale Speise längst verschwunden, weil sie, wie beim Rind, zum Konfiskat, zum Untersuchungsmaterial des Veterinärs und eigentlich zu den Innereien gehört. Im Elsass zählt das Backenfleisch seit jeher zum Standard der Volksküche, dann gerne mit Bier und Honig zubereitet und vorzugsweise auf einem Bett von Linsen serviert. Wer die Schweinebäckle pur und unverfälscht genießen möchte, der wartet bei einer Hausschlachtung neben dem Schlachtkessel und passt den Moment ab, wenn der Metzger das Kopffleisch auslöst. Mit Fleur de Sel und einer Flasche Tannenzäpfchen ein fast schon snobistisch-rustikaler Hochgenuss.

Für 4 Portionen:

12 geräucherte Schweinebäckle
1 kg grüne Bohnen
1 Zwiebel, 2 Knoblauchzehen
2 Tomaten
100 g Butterschmalz
800 ml Kalbsfond oder Brühe
Vorrätig: Meersalz, schwarzer Pfeffer, Lorbeerblatt, Bohnenkraut

Rezept

12 geräucherte Schweinebäckle, p. Person etwa 150 g Fleisch, beim Metzger vorbestellen. 1 kg grüne Bohnen werden gewaschen, geputzt und in Stücke von drei Zentimetern gebrochen. In 100 g Butterschmalz wird eine feingeschnittene große Zwiebel zusammen mit 2 durchgedrückten Knoblauchzehen in einer schweren Kasserolle glasig gedünstet. Ein Lorbeerblatt und ein TL Bohnenkraut verstärken das Aroma. 2 große enthäutete, entkernte und in Würfel geschnittene Tomaten kommen zusammen mit den zuvor kurz blanchierten Bohnen in die Kasserolle. Darauf werden die Bäckle gelegt und das Ganze mit 3/4 Liter kochendem Kalbsfond aufgegossen. Das Fleisch gibt Salz ab, deshalb empfiehlt es sich, sparsam zu salzen. Je nach Qualität der Zutaten lässt man die zugedeckte Kasserolle dreiviertel bis eine Stunde im Backofen schwach köcheln. 10 Minuten vor dem Anrichten wird abgeschmeckt und mit etwas frisch gemahlenem schwarzem Pfeffer gewürzt. Statt der Schweinebäckle eignen sich für diese Zubereitung auch Schäufele oder Scheiben von geräuchertem Bruststeck. Als Beilage können Kartoffelwürfel mitgegart werden. Zu diesem Zweck schneidet man ein Pfund festkochende Kartoffeln in Würfel von 2 cm Seitenlänge und gibt sie mit den Bohnen in die Kasserolle.

Profi-Tipp

Erich Schwarz, Wirt im „Schwarz-Webers“ in Unterentersbach, brät die geräucherten und abgekochten Schweinebäckle nochmals kurz an.

Ein bezahlbarer Hochgenuss: Schweinebraten

Jahrtausende auf den Tafeln der Welt vertreten / Seit einigen Jahren kulinarisch wieder rehabilitiert / Ein Klassiker für die Familie

Es gab Zeiten, da hatte das Borstentier nicht nur in Deutschland schlechte Karten. Die Päpste der Kochkunst wie Escoffier, Bocuse und Co. hatten es in ihren Rezeptbüchern schon immer sehr stiefmütterlich behandelt, wenn überhaupt. Die Liebe der Deutschen zum Schweinebraten erlitt im letzten Viertel des vergangenen Jahrhunderts erhebliche Einbußen. Wo berechtigte Argumente hinsichtlich teilweise krimineller Aufzuchtmethoden, Missbrauch von Antibiotika, tierquälerische Haltung und Transporte, aber auch übertriebener Gesundheitsfimmel und allerlei Skandale ein biblisches Lebensmittel in Verruf brachten, hat die Branche ihren lädierten Ruf erfolgreich wieder aufpoliert. Lückenlose Herkunftskontrolle, von den Elterntieren bis zum Zerlege- und Verpackungsdatum erlauben heute wieder ungetrübten Schweinsgenuss. Ob Rücken sowie Schlegel bzw. Keule oder Bug, ob Nacken oder Haxe, ob Lende zu besonderen Anlässen – fast jedes Teil des Schweins kann in köstliche Braten verwandelt werden. Kaum ein Fleisch hat mehr Eigengeschmack, ohne deshalb gleich penetrant zu wirken. Vom Spanferkel als Braten für sich über den Krustenbraten, Kassler Rippenspeer, im Ganzen zubereitete Lenden, als Schweinshaxe oder Wädele bis hin zum Rollbraten, die badische Küche wird seit jeher diesem Schlachttier gerecht, und die Beilagen, ob Kartoffel oder Kraut, haben hier Kultstatus.

Für 4 Portionen:

2 Pfund Schweinerücken
1 Zwiebel
1 Karotte
400 ml Fleischbrühe
1 dl dunkles Bier
Vorrätig: Meersalz, schwarze Pfefferkörner, Lorbeer, Mehl, Butter

Rezept

Zwei Pfund Schweinerücken vom Kotelettstück ohne Knochen, aber mit Schwarte, wird mit Meersalz und frisch gemörsertem schwarzem Pfeffer gewürzt und zusammen mit zwei angebräunten Zwiebelhälften, einer in Viertel geschnittenen Karotte sowie einem Lorbeerblatt mit der Schwarte nach unten in eine vorgeheizte schwere, möglichst gusseiserne Kasserolle gelegt. Jetzt füllt man auf 2 cm mit kochendem Wasser auf und lässt etwa eine halbe Stunde im Backofen köcheln. Nun dreht man das Fleisch um, gießt 1/4 l kräftige Fleischbrühe an und brät es unter fleißigem Begießen etwa eine Stunde bei ca. 160°. Dabei sollte sich die Schwarte in eine braune, knusprige Kruste verwandeln. In der letzten Viertelstunde rührt man 2 EL dunkle Mehlschwitze in den Fond, dem man bei Bedarf Fleischbrühe zugießt. Regelmäßiges Bestreichen des Bratens mit dunklem Bier am Ende der Garzeit verstärkt den Bräunungseffekt. Ins Glas passt ebenfalls dunkles Bier.

Profi-Tipp

Uwe Anselment, Wirt im „Rebstock“ in Ortenberg, würzt den Schweinebraten mit Rosenpaprika.

Preiswert für die große Familie: Gefüllte Schweinebrust

Schweinefleisch aus der Region bevorzugen / Gefüllte Brust von Kalb und Schwein hat in Baden Tradition / Schmackhaft und preiswert

Für 6 bis 8 Portionen:

- 1,5 kg Schweinebrust
- 1 Pfund Schweinehackfleisch
- 100 g Brustspeck, 2 Eier
- 200 g Butterschmalz, 100 g Butter
- 2 Zwiebeln, 2 Knoblauchzehen
- je 100 g Mangold und Spinat
- 1 Stange Lauch, 1 Sträußchen Petersilie
- Vorrätig: Meersalz, schwarze Pfefferkörner, Thymian, Weckmehl, Müller-Thurgau, Fleischbrühe

Einer der Grundpfeiler badischer und Schwarzwälder Küche ist die gefüllte Kalbsbrust. Mindestens genauso gebräuchlich ist die Füllung des gleichen Stücks vom Schwein, und geschmacklich eher wertvoller, weil Schweinefleisch diesbezüglich mehr hergibt. Seit die Borstentiere kaum mehr stressträchtig über die Autobahnen gekarrt werden, unsere Landwirte in der Region hervorragende Zucht- und Mastbedingungen garantieren und über die Schlachthöfe die Kundschaft optimal bedienen, kann man getrost dieses archaische Nahrungsmittel wieder genießen. Für die gefüllte Schweinebrust empfiehlt sich ein wohlgenährtes Tier. Fett ist bekanntlich ein Geschmacksträger, und dieser deftige Genuss ist ja nicht jeden Tag angesagt. Aus der Brust lässt man vom Metzger die Knochen entfernen und zu einer Tasche schneiden. Zum Füllen eignen sich die gleichen Zutaten wie für die Kalbsbrust. Weil Schweinefleisch im Geschmack aber robuster ist, darf es eine kräftige Füllung sein.

Rezept

1 Pfund Schweinehack mit je 100 g blanchiertem und feingehacktem Spinat und Mangold vermischen. In einer Pfanne dünstet man in 2 EL Butterschmalz 2 Tassen feingeschnittene Zwiebel, 2 gehackte Knoblauchzehen und 1 Tasse Weißes vom Lauch in dünnen Scheiben sowie 100 g geräucherten Brustspeck in feinen Streifen gut an und gibt es mit 2 Eiern, 1 Tasse feingehackter Petersilie, 1 TL Thymian sowie Meersalz und frisch gemörsertem schwarzen Pfeffer zum Fleisch. Je nach Bedarf mit Weißbrotkrume binden. Nun würzt man die Fleischtasche innen ebenfalls mit Meersalz und schwarzem gemörsertem Pfeffer, gibt die Füllung hinein und näht die Brust zu. Diese wird außen nochmals mit Salz und Pfeffer eingerieben und in einer tiefen Kasserolle in 3 EL Butterschmalz rundum kross angebraten. Jetzt brät man das Fleisch unter ständigem Begießen mit dem austretenden Fett im 170° heißen Ofen etwa 2 bis 2 1/2 Stunden. Dann wird der Braten auf eine vorgewärmte Platte gelegt, das Bratfett bis auf 2 EL weggeschüttet, der Bratensatz mit 1 dl trockenem Weißwein und 1 dl Fleischbrühe abgelöscht und auf die Hälfte eingekocht. Diese Sauce passiert man durch ein feines Sieb und schlägt sie mit 100 g eiskalten Butterstückchen auf. Dazu passen breite Nudeln oder Kartoffelpüree als Beilage und ein trockener badischer Müller-Thurgau.

Profi-Tipp

Hansjörg Glattfelder, Küchenmeister in Karl Stiglers Partyservice in Ortenberg, empfiehlt eine Prise Piment in die gefüllte Schweinebrust.

Das Feinste vom Borstentier: Filet vom Schwein

Lummel, Lendchen, Filet: Das zarte Teil aus dem Rücken des Hausschweins ist preiswert
Einfache und aufwendige Zubereitung

Das Schwein wird´s in der feinen Küche nie zu etwas bringen, sagt der Kaiser der Köche, Auguste Escoffier. Dass sich auch große Küchengeister irren können, ist spätestens mit dieser Aussage bewiesen. Kaum ein Fleisch ist schmackhafter, kann sowohl einfach als auch in aufwendiger Zubereitung den Feinschmecker begeistern als dieser nur als doppeltes Pfund beim Schlachtfest anfallende Leckerbissen. Auch hier zeigt sich ein Grundsatz der badischen Küche, dass es für die preiswerteren Zutaten mehr an Kochkunst verlangt. Dann aber zählen sie zu den Glanzlichtern der Tafel. Willi Brunner, der große Koch aus der Blütezeit des deutschen Küchenwunders, hat sich in einem Kochbuch im Kreise der Besten seines Fachs dem Schwein angenommen. Sein „Filet in Blitzblätterteig“ gilt auch heute noch als geniales Rezept, unprätentiös, ohne „Ferz“, wie der Pfälzer Nachbar sagen würde. Auch als „Filet mignon“, sozusagen als kleines Steak, ließ es der unvergessene Durbacher auftragen. Er war ein Mann des Marktes, der Einkauf war bei ihm Chefsache, und sein Credo in Sachen Borstentier galt dem jungen, frischen Schwein von maximal einem Jahr Lebensalter. Es war vielleicht für einen spektakulären kulinarischen Erfolg damals zu Zeiten von blassem, kraftlosem PSE-Fleisch aus der Massenaufzucht nicht der richtige Moment. Aber Brunner hat recht behalten, und es ist heute auch für den Privatkunden kein Problem, ob in der Metzgerei oder an der Theke im Lebensmittelmarkt, erstklassige Ware zu vernünftigen Preisen zu erstehen. Ob Single oder Großfamilie, Schweinefilet ist die ideale Wahl fürs Sonntagsessen.

Für 4 Personen:

- 2 Schweinefilets von je ca. 400 g
- 1 Zwiebel
- 1 dl Fleischbrühe
- 2 dl Crème fraîche
- 50 g Butterschmalz
- 50 g Butter
- 50 g Schinken roh

Vorrätig: Meersalz, schwarze Pfefferkörner, Müller-Thurgau

Rezept

Zwei Schweinelendchen von je ca. 400 g werden mit frisch gemörsertem bzw. gemahlenem schwarzem Pfeffer und ebenso pulverisiertem Meersalz gewürzt, in Mehl gewendet, dieses gründlich abgeklopft und das Fleisch in einer Gusseisenkasserolle in heißem Butterschmalz zusammen mit einer Tasse feingeschnittener Zwiebel und 50 g rohem Schinken in Streifen angebraten und zugedeckt etwa 20 Minuten im vorgeheizten Backofen gegart. Nun löscht man mit 5 cl Müller-Thurgau ab, löst den Bratensatz, gießt 1 dl Fleischbrühe und 2 dl Crème fraîche an und lässt alles nochmals 15 Minuten einköcheln. Die Filets auf einer heißen Platte anrichten und den passierten Fond mit 50 g eiskalten Butterstückchen aufmontieren.

Profi-Tipp

Gabi Basler, Wirtin im „Mercyschen Hof“ in Gengenbach, würzt die Schweinelendchen mit einer Spur gemahlenem Koriander.

Eine komplette Mahlzeit vom Grill: Schweinshaxen

Ursprünglich eine bayrische Spezialität / Pökeln würzt und verkürzt die Garzeit
Hier passt am besten ein Bockbier ins Glas

Weshalb die Schweinshaxe in der klassischen Badischen Küche keine Tradition hat, weiß so recht niemand. Vielleicht lag es daran, dass man früher dieses Stück vom Borstentier am Schlegel oder am Bug dranließ und mitgarte. Im alemannischen Sprachraum, im Elsass überwiegend, kannte man das Wädele, ob gekocht oder gebraten, und das Eisbein war früher eine Domäne der nördlichen und insbesondere der Berliner Kochkunst. Bayern wiederum hat die Grillhaxe etabliert, als Hax´n unverzichtbare Verpflegung für Biergarten- und Oktoberfestgäste. Heute haben die Grillhaxen ihre feste Adresse auch in der Ortenau, in Ortenberg zur Festsaison oder ganzjährig in Biergärten wie beispielsweise in Ulm, wo man diese deftige Köstlichkeit zur Delikatesse kultiviert hat. Auch das Elsässer Wädele verzeichnet Zugewinne auf den regionalen Speisekarten, sowohl mit Sauerkraut als auch mit Brägele oder „nur" mit frischem Holzofenbrot stellt dieses vordere oder hintere Prachtstück vom Schwein eine höchst sättigende Mahlzeit. Für die große Grillsause im erweiterten Gästekreis eignen sich Schweinshaxen als problemlose Übung auch bei bescheidener Kochkunst. Die Frage, ob das Fleisch gepökelt sein soll oder nicht, bleibt dem Koch überlassen. Auf jeden Fall sollte die Haxe nicht zu lange im Lack gelegen sein, weil das anschließende Grillen, sprich Bräunen, hinsichtlich der Nitrosamine nicht unbedingt gesundheitsfördernd ist. Andererseits wirkt das Einlegen in eine würzige Marinade immer geschmacksfördernd. Unabhängig vom zum Biergarten passenden Essen, das entsprechende Ambiente macht einfach Lust auf Sonne, Bier und die richtige Stärkung.

Für 4 Portionen:

- 4 Schweinshaxen à 500 g
- 4 dl Fleischbrühe
- 2 dl Exportbier
- 1/4 Sellerieknolle
- 1 Karotte
- 1 Zwiebel

Vorrätig: Meersalz, schwarze Pfefferkörner, Nelke, Lorbeerblätter, Öl, Rosenpaprika, Piment, evtl. Honig, Sojasauce

Rezept

Vier Hinterhaxen von je ca. 500 g werden in 1 l leicht kochendem Wasser zusammen mit je einer Tasse gewürfeltem Sellerie und Karotte, einer halbierten und gebräunten Zwiebel, zwei Lorbeerblättern, einer Nelke, 10 Pfefferkörnern sowie je 4 dl Bouillon und 2 dl Exportbier etwa 90 Minuten gegart. Die leicht von der Gabel rutschenden Haxen aus dem Sud nehmen, abtrocknen und rundum rautenförmig mit einem scharfen Messer einritzen. Nun die Schwarte mit einer Mischung aus hochwertigem Speiseöl, Meersalz, frisch gemörsertem schwarzem Pfeffer sowie Rosenpaprika, Piment, eventuell Honig und einem TL Sojasauce einreiben und unter dem Grill unter ständigem Bepinseln mit Bier auf jeder Seite zirka fünf Minuten knusprig bräunen lassen. Dazu passt am besten Bier.

Profi-Tipp

Edi Baier, Wirt in „Bauhöfers Braustübl" in Renchen-Ulm, gart seine berühmten Grillhaxen in Ulmer Maibock.

Einst das Beste vom Schlachtfest: der Hohrücken

Moderne Zerlegungstechnik des Schweinerückens macht diesem Klassiker den Garaus
Auf Bestellung da und dort noch erhältlich

Fast verschwunden geglaubt und dennoch von den Kennern da und dort auszumachen: der Hohrücken, das Beste vom Schlachtfest. Früher wurde jedes Schwein so geschlachtet, dass das Rückgrat als ganzer Strang erhalten blieb, allerdings auf Kosten der Koteletts. Der Hohrücken wurde dann in Stücke zerteilt und sofort oder nach dem Pökeln zubereitet. Heute wird der Rücken in der Mitte gespalten, und so entgeht uns meist diese Köstlichkeit. Nur in der einen oder anderen Bauernwirtschaft, im Prinzbach oder im hintersten Harmersbach, kommt dann und wann auf Vorbestellung Hohrücken, auch Haurucke genannt, auf den Tisch. Ganz so wie früher, mit einer dicken Speckschicht und viel Fleisch am Knochen ist er allerdings kaum mehr zu finden. Die einen servieren ihn mit Püree und Sauerkraut oder Sauren Rüben, die anderen schwören auf eine Variante des Gaisburger Marsches, wenn im Sud des gekochten Fleisches Spätzle und Kartoffelwürfel schwimmen. Völlig verzichten auf das Geschmackserlebnis müssen wir aber auch heute nicht.

Rezept

2 Kilo gesalzene, mit reichlich Koriander eingeriebene dickfleischige Schälripple, möglichst mit einem Teil des Rückgratknochens, werden in einem hohen Topf mit Schmalz rundum angebraten. Sodann gießt man 3 Liter Bouillon oder Wasser an, gart die Rippchen etwa eine 3/4 Stunde. 15 Minuten vor dem Ende der Kochzeit gibt man dick geschärrte Spätzle von einem halben Pfund Mehl und 4 Eiern sowie 1 Pfund in Würfel von 2 cm geschnittene Kartoffeln hinzu.

Zutaten:

- 2 Kilo gesalzene dickfleischige Schälripple, möglichst mit Rückgratknochen
- Butterschmalz
- 3 l Bouillon
- Spätzle von einem halben Pfund Mehl und 4 Eiern
- 1 Pfund Kartoffeln
- Zu Hause vorrätig: Meersalz, schwarze Pfefferkörner, Koriander

Man kann Spätzle und Kartoffeln auch getrennt abkochen und zum gegarten Fleisch in die Brühe geben, dann bleibt sie klar. Diese wird mit Salz, schwarzem Pfeffer aus der Mühle, eventuell etwas gemahlenem Koriander gewürzt und in einer Suppenschüssel aufgetragen. Dazu passt grüner Salat und ins Glas ein Pils.

Profi-Tipp

Stefan Laier, Küchenchef im Landgasthaus „Krone" in Ortenberg, gibt eine Prise Piment über den Hohrücken.

Schweinepfeffer: Deftiges vom Markgräfler Land

Saucenbindung mit frischem Blut gehört zu den besonderen Küchentechniken
Althergebrachte Spezialität zum Schlachtfest in Südbaden

Eine fast ausgestorbene Spezialität unserer Heimat ist der Schweinepfeffer. Zu Zeiten, als Rotwein für manche Hausfrauen zum Kochen zu schade war, wurde Schweinefleisch in verdünntem Essig gebeizt. Doch nicht das Einlegen von Fleischwürfeln in Wein ist das Besondere an diesem Gericht, sondern die Bindung der Sauce mit frischem Schweineblut von einer aktuellen Hausschlachtung. Das Fleisch für den Pfeffer wiederum stammt aus einer früheren Schlachtung, weil tagesfrisches Schweinefleisch beim Braten zäh würde. Jedenfalls gehört der „Schwinsprägel“ im Markgräfler Land zum winterlichen Schlachtfest. Wer für eine Sauce nicht gleich ein ganzes Schwein kaufen will, bestellt das Blut beim Metzger. Zuckercouleur ergibt die gleiche schwarzbraune Farbe; der Geschmack allerdings erinnert nur entfernt an Schweinepfeffer.

Für 4 Portionen:

- 1,5 kg Schweineschulter
- 1/4 l frisches Schweineblut
- 150 g Brustspeck
- 50 g Butterschmalz
- 5 cl Olivenöl
- 1 EL Tomatenmark
- 3 Zwiebeln, 1 Karotte
- 1 Knoblauchknolle
- 1 Bund Petersilie
- 1 l kräftiger trockener Rotwein
- 4 dl Rinderfond
- Zu Hause vorrätig: Meersalz, schwarze Pfefferkörner, Thymian, Lorbeer, Trester, Mehl, evtl. Zuckercouleur

Rezept

3 Pfund Schweineschulter wird in Würfel von 4 cm geschnitten und in einer Marinade aus 3/4 l kräftigem Rotwein, 3 grob zerteilten Zwiebeln, 1 quer halbierten Knoblauchknolle, 1 Karotte in Scheiben und 1 Zweig Thymian sowie 1 Lorbeerblatt über Nacht ziehen gelassen. Anderntags gießt man die Marinade ab und trocknet das Fleisch und die Gemüse mit Küchenkrepp. In einer Kasserolle brät man die Fleischwürfel in 2 EL Butterschmalz und 5 cl Olivenöl rundum an. Sobald sie etwas Farbe angenommen haben, gibt man 1 EL Tomatenmark, dann das Gemüse zu, würzt mit Salz und großzügig schwarzem Pfeffer aus dem Mörser, streut einen EL Mehl darüber und rührt alles auf großer Hitze gut durch. Sodann wird mit 4 cl Trester und dem Rotwein der Marinade abgelöscht und mit 4 dl Rinderfond aufgegossen. Auf schwacher Flamme zieht der Schweinepfeffer gut eine Stunde. Derweil blanchiert man 150 g Speckstreifen in kochendem Wasser, trocknet sie ebenfalls auf Küchenkrepp und lässt sie in einer Pfanne goldgelb angehen. Auf einer tiefen Platte werden sie dann warm gestellt. Sobald die Fleischwürfel weich sind, schöpft man diese zu den Speckstreifen und kocht die Sauce auf starker Flamme um 1/3 ein. Sodann nimmt man den Topf vom Feuer und gießt 1 dl frisches Schweineblut an. Nun die Sauce noch einmal kurz erhitzen und dann durch ein feines Sieb über die Fleischwürfel passieren. Als Garnitur dienen Kracherle und grob gehackte Petersilie. Dazu passen breite Nudeln und ein badischer Merlot oder Cabernet Sauvignon.

Profi-Tipp

Johannes Stigler aus der gleichnamigen Metzgerei in Gengenbach empfiehlt eine Prise Kardamom in den Schweinepfeffer.

Sauerbraten schmeckt vom wilden und zahmen Schwein

Am besten eignet sich die nicht zu magere Keule vom Überläufer oder vom Hausschwein
Langsames Garen ist angesagt

Für 8 Portionen:

2 Kilo Schweinekeule

1 l trockener Rotwein oder
1 l trockener Weißwein

1/4 l Weißweinessig

100 g Butterschmalz

1 Zwiebel, 1/2 Knoblauchknolle

2 Karotten, 1/2 Sellerieknolle

Vorrätig: Schwarze Pfefferkörner, Meersalz, Pflanzenöl, Lorbeer, Nelken, Thymian

Wenn hierzulande vom Sauerbraten die Rede ist, dann meist von Rindfleisch, eingelegt in gutem badischem Spätburgunder Rotwein. Als solcher hat er international Verwandtschaft und wird in unzähligen Variationen zubereitet. Weniger bekannt, aber durchaus nicht weniger schmackhaft ist der Sauerbraten vom Schwein. Vor allen Dingen wird dieser nicht so schnell faserig und trocken, was beim unsachgemäßen Garen von Rindfleisch schon mal passieren kann. Sowohl Hausschwein als auch Wildschwein eignen sich für solcherart zubereiteten Sauerbraten. Beim wilden Borstentier, vorzugsweise ein Überläufer von 40 Kilo, sollte zur Marinade Rotwein, in diesem Falle ein kräftiger trockener Merlot oder Dunkelfelder, verwendet werden. Stammt das Tier aus dem Stall, dann darf's ein Grauburgunder oder ein trockener, aber kräftiger Müller-Thurgau sein. Eine Ähnlichkeit zum Baeckeoffe kommt dabei nicht von ungefähr, und mit der Zugabe von 500 g in dünne Scheiben geschnittenen, gewässerten Kartoffeln etwa eine halbe Stunde vor Ende der Garzeit erübrigt sich die Frage der Beilage.

Rezept

Eingelegt werden 2 kg nicht zu magere Schweinekeule über mindestens vier Tage in einer Beize aus 1/4 l Weißweinessig, 1 l Wein, 1 TL Salz, einer grob gehackten Zwiebel, 1/2 Knoblauchknolle, zwei Nelken, einem Lorbeerblatt, zehn schwarzen Pfefferkörnern, einem Zweigchen Thymian sowie je zwei Tassen grob gewürfelten Karotten und Sellerie. Das Marinieren sollte unter mehrmaligem Wenden im Kühlschrank erfolgen. Zum Braten wird das Fleisch gut abgetrocknet und in 3 EL Öl und 1 EL Butterschmalz rundum kräftig angebraten. Das abgesiebte und ebenfalls mit Küchenkrepp abgetrocknete Gemüse verteilt man rund um das Fleisch, lässt es mit angehen und bestäubt es dann mit 1 EL Mehl. Sobald dieses eine hellbraune Farbe angenommen hat, gießt man mit der Marinade etwa zur Hälfte auf. Im Ofen gart man den Braten etwa 2 Stunden bei mittlerer Hitze und begießt ihn öfters mit dem Fond. Sobald der Sauerbraten gar ist, lässt man ihn noch für zehn Minuten auf einer Platte im abgestellten Ofen ruhen. Nelken, Lorbeer, Thymian und Pfefferkörner werden aus dem Fond genommen, dieser mit den Gemüsen durch ein Sieb passiert und eventuell mit Salz, Pfeffer und Wein nachgewürzt. Ins Glas passt ein trockener badischer Müller-Thurgau.

Profi-Tipp

Brigitte Zapf, Chefin in der „Bleiche" in Offenburg, würzt die Sauce zum Wildschwein mit einem Schuss Cassis.

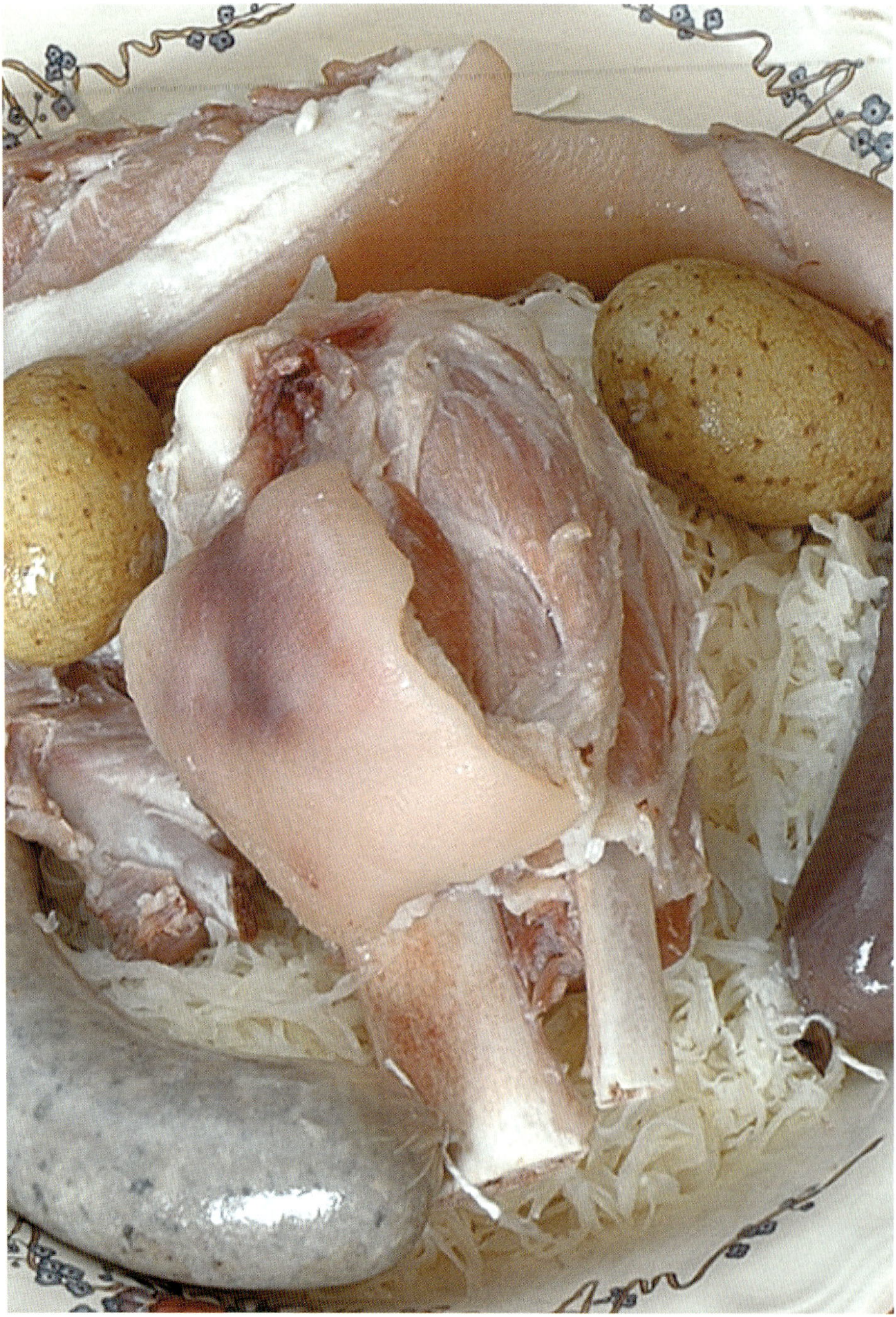

Innereien

Kalbsbries – für Kenner eine begehrte Köstlichkeit

Auch beim Genuss gilt die Regel: Die Dosis macht´s / Pur oder paniert
Nur bei geregelten Harnstoffwerten empfehlenswert

Noch vor wenigen Jahren gehörte das Kalbsbriesle, die Thymusdrüse des jungen Rinds, zu den begehrtesten Innereien und zum Standard der Metzgerwirtschaften schlechthin. Als Kalorien und Blutwerte noch Fremdwörter waren, gönnte sich der Feinschmecker diese Köstlichkeit öfter, entweder für sich, mit verquirltem Ei, zusammen mit Leber und Nierle, an einem Salat oder als Hauptgang. Vermutlich hat sich dieses Gericht bei den gichtgeplagten Herrschaften wechselnder Beliebtheit erfreut. Reich an Purinen, zählt diese Köstlichkeit neben Kaviar zu den häufigsten Auslösern von Gicht, so diese dem guten Leben zuzuschreiben ist. Wer dann noch dem ähnlich aussehenden und ebenfalls zu den Innereien zählenden Hirn frönt, hat ernährungsbedingte Cholesterinsünden gleich mit abgedeckt. Doch hier wie dort: Einmal im Monat ist für den gesunden Organismus so viel wie keinmal, und auf alles braucht man nun wirklich nicht zu verzichten. Seit die Edelküche das Bries entdeckt hat, ist es fast nicht mehr bezahlbar und rangiert in der Preisklasse über Rinderfilet. Wem aber für gutes Essen nichts zu teuer ist, besorgt sich für 4 Personen 600 g Bries, möglichst die Nuss, das beste Stück der Drüse. Wichtig ist sorgfältiges Wässern, um das Blut auszuwaschen. Das erfolgt am besten unter fließendem Wasser; jedenfalls sollte das Wasser über mehrere Stunden öfter gewechselt werden. Anschließend wird das Bries in kräftig gesalzenem Wasser sprudelnd kochend über 5 Minuten blanchiert. Um dem Fleisch seine Zähigkeit zu nehmen, wird es nun zwischen zwei Brettchen, mit einem wassergefüllten großen Topf beschwert, über zwei Stunden gepresst. Jetzt ist das Bries für die verschiedenen Zubereitungsarten vorbereitet.

Für 4 Portionen:

600 g frisches Kalbsbries
100 g Butterschmalz
3 Eier
100 g Emmentaler oder
100 g Weckmehl
Vorrätig: Meersalz, schwarzer Pfeffer, Mehl

Rezept

Für gebackenes Bries schneidet man die Drüse in kleine fingerdicke Medaillons. Diese werden gesalzen und mit frisch gemörsertem schwarzem Pfeffer gewürzt, in zerquirltem Ei angefeuchtet und in Weckmehl gewendet. Eine andere Art sieht Wenden in Mehl, vermischt mit geriebenem Emmentaler, vor. Sodann werden die Briesle in heißem Butterschmalz auf beiden Seiten etwa 12 bis 15 Minuten goldgelb ausgebacken. Als Beilage eignen sich Gemüse wie Blumenkohl, Erbsen oder Karotten und Salzkartoffeln. Dazu passt eine badische Grauburgunder Spätlese.

Profi-Tipp

Gerhard Volk, Leiter der Offenburger Kochschule Forum Culinaire, grillt die Kalbsbriesnuss aufgespießt auf einer Bourbon-Vanilleschote.

Sauer, abgeschmälzt oder in Rieslingrahm: Kutteln

Vom Rind oder vom Kalb gibt's diese Spezialität nicht nur im Badischen
Viele Namen für die gleiche Zutat / Sauberkeit ist oberstes Gebot

Ein Filet ist ein Filet und Kaviar bleibt Kaviar. Bei den teuren Dingen kommt der Gourmet offenbar schnell zur Sache. Am anderen Ende der Beliebtheitsskala, wenn es um bodenständige Köstlichkeiten geht, gerät der Feinschmecker von Welt womöglich ins Stolpern. Gekröse, Kaldaunen, Fleck, Kutteln, Sülzle, Pansen – das sind sicher nicht alle Bezeichnungen für ein Essen, das vom Koch Meisterschaft abverlangt. Einst waren Kutteln unverzichtbarer Bestandteil der rustikalen badischen Vesperküche. Während oder nach dem letzten großen Krieg muss wohl öfter von diesem preiswerten Essen serviert worden sein – der Ruf war lange Zeit nicht der beste. Vielleicht lag´s auch an der gründlichen Reinigung, die für ungetrübten Genuss unerlässlich ist. Egal – heute gehören Kutteln wieder dazu, und sowohl im Supermarkt als auch beim Metzger findet sich die Spezialität. Gehandelt werden in der Regel Pansen oder Netzmagen. Am besten schmeckt der nur sehr aufwändig zu reinigende Blättermagen. Meist sind die Kutteln vorgekocht. Ihre robuste Konsistenz erlaubt ein schnelles wie stundenlanges Garen. Auf jeden Fall sollten die Kutteln vor jeder Zubereitung nochmals in kochendem Wasser fünf Minuten blanchiert werden, sie sollten, banal ausgedrückt, nach gar nichts schmecken. Dann läuft man nie Gefahr, dass sie an ihren ursprünglichen Inhalt erinnern.

Für 5 Portionen Sulz abgeschmälzt:

- 1 Kilo vorgegarte Rinderkutteln
- 100 g Butterschmalz
- 3 Zwiebeln

Zusätzlich für die moderne Version:

- 1 Dose Pizzatomaten
- 1 Staude Sellerie mit Grün
- 2 Karotten
- 1/4 l trockener Müller-Thurgau
- je 1 Bund Basilikum und Petersilie
- Zu Hause vorrätig: Olivenöl, Salz, Pfeffer, Zitrone, Parmesan, Knoblauch

Rezept klassisch

1 Kilo weichgekochte Kutteln werden in feine Streifen geschnitten, nochmals blanchiert und gut getrocknet. In einer Pfanne erhitzt man 4 EL Butterschmalz, gibt die Kutteln, später 4 EL feingeschnittene Zwiebel dazu, würzt mit Salz und schwarzem Pfeffer und röstet das Ganze unter stetigem Rühren gelb an, ohne dass die Zwiebeln dabei verbrennen. Abgeschmeckt wird mit etwas Zitronensaft.

Rezept modern

1 Kilo blanchierte Kuttelstreifen in reichlich Olivenöl zusammen mit je 2 Tassen feingeschnittener Zwiebel, abgezogenem und fingerdick quer geschnittenem Staudensellerie und Karotten in Scheiben angehen lassen. 2 gehackte Knoblauchzehen zugeben, 2 Tassen Tomaten mit anrösten und mit 1/4 l trockenem Müller-Thurgau ablöschen. Je eine Handvoll gehacktes Basilikum und Petersilie überstreuen und zugedeckt etwa eine Stunde köcheln lassen. Nach Gusto mit Parmesan bestreuen.

Profi-Tipp

Erich Schwarz, Wirt im Unterentersbacher „Schwarz-Webers", gibt an die fertige abgeschmälzte Sulz einen Schuss feinstes Olivenöl.

Leberle: Großmutters Fast Food

Am besten schmecken sie aus frischer Schlachtung / Geröstet, sauer oder in Sauce
Pfeffern vor dem ersten Biss

Hier soll die Rede vom Leberle sein, Inbegriff badischen Vespers. Dessen Selbstverständnis besteht vornehmlich darin, dass es durchaus auch das Zeug zu einer kompletten Mahlzeit hat. Wo der kleine Hunger, oder auch nur der Appetit, mit einer Handvoll frisch in Streifen geschnittener Kalbs- oder Schweineleber zu befriedigen ist, reicht eine größere Portion, zusammen mit Brägele, mit Spätzle oder frischem Holzofenbrot, auch für besonders hungrige Zeitgenossen. Dabei ist die schnelle Zubereitung auch für den weniger geübten Koch eine Sache von Minuten. Wenn allerdings Sauce Ziel des Begehrs ist, dauert es schon etwas länger. Ohne eine Basis ist da wenig zu machen, und nur mit Essig oder Rotwein mag´s nicht so recht schmecken. Pulver und Würfel rangieren in Badens Küche als Todsünde, und so muss es eben eine ordentliche Grundsauce (s. S. 40) sein, auf der das Sößle fürs Leberle aufgebaut wird. Übrigens kann man auch mit vordergründig so banalen Köstlichkeiten wie Leberle eine Dynastie begründen. Bewiesen hat das ein Wirt in der ehedem freien Reichsstadt, der bis heute als „Leberlesepp“ in bester Erinnerung ist. Er selbst hat das Kulinarische längst gesegnet, aber seine Söhne und Enkel, alle erfolgreich im Gewerbe, halten die urbadische Spezialität in Ehren.

Zutaten:

3/4 Liter Grundsauce oder Demiglace
800 g Schweine-, Rinder- oder Kalbsleber
100 g Butterschmalz
1 Tasse feingeschnittene Zwiebeln
1 dl kräftiger Rotwein
1 Tasse gehackte Petersilie
Vorrätig: Salz, schwarzer Pfeffer

Rezept

Falls keine braune Bratensauce oder Demiglace, eine reduzierte Form der Grundsauce, zur Verfügung steht, am Tag zuvor Kalbsknochen und Speckschwarte anrösten, Wurzelgemüse mit angehen lassen, Tomatenmark zugeben und ebenfalls leicht anrösten. Mit einer kräftigen Fleisch- oder Knochenbrühe und etwas Rotwein ablöschen, mindestens vier Stunden köcheln lassen. Durch ein Sieb passieren, mit brauner Mehlschwitze leicht binden. Schlachtfrische, gehäutete Leber, vom Schwein, vom Kalb oder Rind, in Streifen von Pommes-Größe schneiden, in heißem Butterschmalz anbraten, nach Geschmack mit einem Schuss Weinbrand, Rotwein oder auch Madeira ablöschen und mit Grundsauce halbhoch aufgießen. Jetzt nur noch kurz aufkochen lassen und sofort auftragen. Die Leber sollte im Kern noch rosa sein.

Profi-Tipp

Norbert Armbruster, Besitzer des Gasthauses „Hirsch“ in Gengenbach, empfiehlt fürs Leberle einen Schuss braunen Balsamicoessig.

Der Leberknödeläquator: von Bayern über Baden ins Elsass

Schmeckt als Beilage zur Schlachtplatte, in der Suppe oder auch solo
Preiswerte Spezialität / Am besten abgeschmälzt

Wo Schweine geschlachtet werden, ist das Sauerkraut nicht weit. Ohne Zweifel haben unsere elsässischen Nachbarn eine hohe Schlachtkultur. Die Schwarzwälder Schlachtessen brauchen sich allerdings nicht zu verstecken, doch die Leberklöße, die drüben unbedingt auf eine Schlachtplatte gehören, kommen bei uns meist in Form von Würsten auf den Tisch. Tradition haben die köstlichen Knödel aber auch bei uns, und aus der Kloßbrühe lässt sich eine herrliche Suppe bereiten. Apropos Suppe: Eine der wohl bekanntesten bayrischen Suppen ist die Leberknödelsuppe, leider oft aus der Dose, aber selbst solcherart ist sie ideale Speise zwischen zwei Maß Bier. Unsere Altvordern mischten die gehackte Leber gerne mit etwas Lunge, wohl auch aus Sparsamkeitsgründen. Das ist nicht mehr ganz zeitgemäß, dafür sorgt bei manchen Rezepten aus früheren Zeiten Rindernierentalg für eine zarte Konsistenz.

Für 4 Portionen:

- 400 g Rinderleber
- 200 g Rinderhack
- 100 g Brustspeck
- 1 Zwiebel, 2 Knoblauchzehen
- 2 altbackene Brötchen, 3 Eier
- 1 EL Butterschmalz
- 1/4 l Milch
- 800 ml Kalbsfond oder Brühe
- je 1 Zweig Kerbel und Petersilie
- Zu Hause vorrätig: Meersalz, schwarzer Pfeffer, Majoran, Muskat

Rezept

Für vier Personen lässt man 400 g gehackte Schweineleber oder Rinderleber zusammen mit 200 g Rinderhack und 100 g fettem geräuchertem Brustspeck sowie 2 in Milch eingeweichte, ausgedrückte und zerrupfte altbackene Brötchen durch den Fleischwolf. Diese Masse wird mit 3 Eiern, 2 durchgepressten Knoblauchzehen, 1 EL vorzugsweise glatter Petersilie und 2 EL in etwas Butterschmalz gedünsteter feingeschnittener Zwiebel vermischt. Für die Würze sorgen 1 EL Meersalz, schwarzer Pfeffer aus der Mühle, 1 EL Kerbel, etwas Majoran und eine Prise Muskat. Nun formt man mit zwei feuchten Esslöffeln längliche Klöße und gibt sie in 2 l leicht kochendes Salzwasser. Sollte ein Probekloß auseinanderfallen, bindet man mit einem weiteren Ei nach. Nach etwa zehnminütigem Pochieren in der nur leicht simmernden Brühe steigen die nun garen Leberklöße an die Oberfläche und werden zum Abtropfen auf ein Tuch gegeben. Sie können nun mit Sauerkraut, zur Schlachtplatte oder als selbständiges Essen, dann auch mit Semmelknödeln, auf jeden Fall mit in Butterschmalz gedünsteten Zwiebeln abgeschmälzt, serviert werden. Dazu passt auch schlicht Holzofenbrot. Ins Glas, besser in den Krug gehört ein gutes badisches Bier oder ein trockener badischer Müller-Thurgau.

Profi-Tipp

Uwe Anselment, Wirt im „Rebstock" in Ortenberg, würzt die Leberknödel mit einer Prise feinst gemahlenem Piment.

Der Ochsenmaulsalat – feines Kopffleisch vom Rind

Die klassische Vesperspeise wird auch als „Ratsherrenlippen“ angeboten
Schmeckt dünn aufgeschnitten am besten

Wieder zu Ehren, besonders zur heißen Jahreszeit, kommt in den letzten Jahren der Ochsenmaulsalat. Ob zusammen mit Brägele oder Holzofenbrot, ob mehr oder weniger sauer, ob mit Zwiebeln, Gurken oder pur – die „Ratsherrenlippen“ sind wieder in aller Munde, als leichtes Vesper oder als erfrischende Mahlzeit, gerne mit Renchtäler Rahmkäse. Markus Dirr, der seit einiger Zeit die Ortenau mit originellen Delikatessen bereichert, macht auch die edlere Variante des Rinderkopffleisches publik. Der charismatische Metzgermeister aus Endingen am Kaiserstuhl versorgt seine Kundschaft mit gerolltem Fleisch vom Kalbskopf, in der Konsistenz ähnlich dem Ochsenmaul, nur viel feiner. Eine Spezialität, die – hauchdünn aufgeschnitten wie Carpaccio – auf vielerlei Arten, so auch beispielsweise mit Balsamico- oder Sherryessig, serviert werden kann. Normalerweise wird man den Ochsenmaulsalat in der Metzgerei kaufen. Wer das gelatinöse Kopffleisch selbst zubereiten möchte, besorgt sich eine Maske vom Rind, ähnlich wie beim Kalbskopf. Im Gegensatz zu diesem wird das Fleisch aber gepökelt, was ihm auch die rote Farbe verleiht.

Für 4 Portionen:

1 Kilo Rindermaske

2 rote Zwiebeln

1 Bund Schnittlauch

Zu Hause vorrätig: trockener Müller-Thurgau, Salz, schwarzer Pfeffer, Lorbeer, Thymian, Nelken, Worcestersauce, scharfer Senf, weißer Weinessig, Sonnenblumenöl

Rezept

Beim Metzger eine Rindermaske besorgen. Die Schwarte mit dem anhängenden Fleisch wird nach gründlichem Reinigen und dreitägiger Trockenmarinade in Pökelsalz in einer Brühe aus Wasser, Wein, Gewürzen wie Nelken, Lorbeer und Thymian sowie einigen Wacholderbeeren und Pfefferkörnern drei bis vier Stunden gekocht. Abgekühlt und in dünne Scheiben geschnitten, übergießt man das Ochsenmaul mit Essig und lässt es zwei Tage ziehen. 500 g dünne Scheiben vom vorgegarten und eingelegten Ochsenmaul werden in Streifen geschnitten, mit 4 cl warmem Weinessig vermischt und einige Stunden kalt gestellt. Die Ochsenmaulstreifen lässt man über einer Schüssel abtropfen und schlägt die Flüssigkeit mit der doppelten Menge Sonnenblumenöl, 3 cl trockenem badischen Weißwein, 1/2 TL Salz, viel frisch gemahlenem schwarzem Pfeffer, einem TL Senf und eventuell einigen Spritzern Worcestersauce mit dem Schneebesen auf. Jetzt gibt man das abgetropfte Ochsenmaul und 4 EL feingeschnittene rote Zwiebel dazu, vermischt alles gut und lässt es bei Zimmertemperatur eine bis zwei Stunden durchziehen. Mit Schnittlauch bestreut, serviert man den Ochsenmaulsalat gut gekühlt.

Profi-Tipp

Markus Dirr, Metzgermeister in Endingen, empfiehlt Schwarzwälder Apfelbalsamessig zum Ochsenmaulsalat.

Sie fehlte einst auf keiner Hochzeitstafel: Rinderzunge in Madeira

Ob vom Rind oder Kalb – für den Kenner zählt diese Innerei zu den Pflichtgenüssen nicht nur an Feiertagen / Steigende Beliebtheit

Noch ist die Rinderzunge ein preiswerter Genuss. Sollte ihr aber das Schicksal von Bries und Kalbsbäckle beschieden sein, dann wird diese Innerei bald wie Filet gehandelt. Es gab Zeiten, da wurde das Bries allenfalls von Kennern in der Metzgerwirtschaft geordert. Einen Marktpreis gab es damals so gut wie nicht, so wenig wie heute für Hirn. Spätestens seit Siebeck ist es schier nicht mehr erschwinglich und findet sich meist in kleinen Stückchen auf exaltierten Salatvariationen. Das Kalbsbäckle war wiederum zwar schon immer etwas teurer, kostet fast doppelt so viel wie das gleiche Stück vom Rind, Tendenz steigend. Der Zunge könnte es demnächst ebenso ergehen. Gerecht wär's – bis die Rinderzunge küchenfertig ist, braucht es längere Vorarbeit. Frisch dauert es gute drei Stunden, bis sie weich ist. Drei Wochen sind dagegen nicht zuviel kalkuliert, wenn die Rinderzunge gepökelt werden soll. Es bringt auch für orthodoxe Hobbyköche nichts, sich diese Mühe aufzuladen. Das können die Metzger viel besser, weil in Übung. Deshalb besorgt man sich bei ihnen am besten gekochte Zunge, portionsweise abgepackt. Dann braucht es für den Klassiker Rinderzunge in Madeira nur noch die passende Sauce.

Rezept klassisch

600 g gepökelte, frisch gekochte und sorgfältig von der Haut und möglichst allen Fettanteilen befreite Rinderzunge in Scheiben wird bei schonender Hitze oder Dampfzufuhr auf ca. 60° erwärmt. Währenddessen gibt man in 1/2 l erhitzter Grundsauce (s. S. 40) 1 dl Madeira, bindet mit 50 g eiskalten Butterstückchen unter ständigem Rühren ab und legt die Zunge hinein. Dazu passen breite Nudeln.

Für 4 Portionen

Klassiker Rinderzunge in Madeira:

600 g gepökelte, gegarte Rinderzunge

1/2 Liter Grundsauce

1 dl Madeira

50 g Butter

Für die Version „Salat mit Zunge":

200 g gepökelte, gegarte Rinderzunge

2 EL Senf, 1 Staude Sellerie mit Grün

1 Blutorange, 1 säuerlicher Apfel

je 1 Bund Basilikum und Petersilie

Zu Hause vorrätig: Weißweinessig, Olivenöl, Salz, Pfeffer, Zitrone, Mayonnaise

Version „Salat mit Zunge"

200 g gepökelte, gekochte und geputzte Rinderzunge wird in Würfel von 1 cm geschnitten. Eine Blutorange schälen, die Schnitze quer halbieren. Einen säuerlichen Apfel (Gravensteiner, Braeburn) schälen, vierteln und in nicht zu dünne Scheibchen hobeln. Mit Zitronensaft frischhalten. Die Stängel einer Staude Sellerie von den Fäden befreien, schräg in Stücke schneiden, Selleriegrün grob zerrupfen. Aus 4 cl weißem Weinessig, 4 cl Olivenöl, 4 cl Blutorangensaft, 2 EL Senf, 2 EL Mayonnaise, schwarzem Pfeffer aus der Mühle und Meersalz eine Sauce cremig aufschlagen. Das Zungenragout kurz im Dampf oder bei schwacher Hitze anwärmen und mit Sauce und Zutaten gut vermischen.

Profi-Tipp

Christoph Jauch, Juniorchef in der Gengenbacher „Sonne", empfiehlt in die Madeirasauce einen Schuss Portwein.

Geflügel

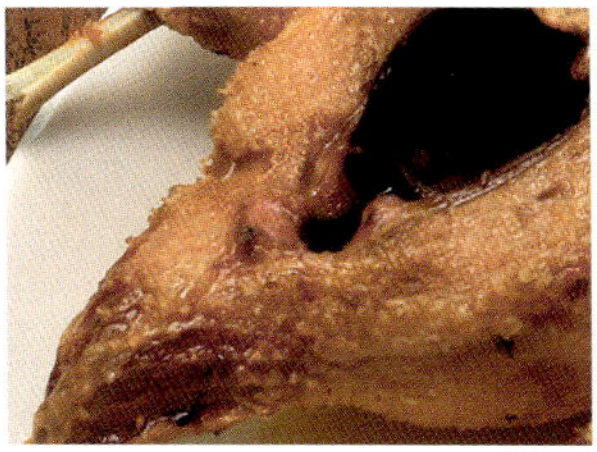

„Bleiche" und Co. sei´s gedankt: Das Brathähnchen lebt noch

Frisch gebratenes Geflügel zählt nach wie vor zu den besonderen Genüssen der badischen Küche / Qualität vor der Haustüre

Es war die Sonntagsspeise unserer Altvordern: Das Hähnchen, vorzugsweise in früher Jugend gebraten, und dann besser gleich zwei davon. Damals musste man noch darauf achten, dass die Flattermänner nicht zu betagt waren, weshalb man das Brustbein leicht bog. Gelang das nicht, war der Hahn trotz abgesägter Sporen zu alt. Heute kommen nach spätestens drei Monaten die möglichst auf der Wiese gehaltenen Wonneproppen zum Verkauf. Unsere Wochenmärkte, aber auch der anspruchsvolle Supermarkt und vor allem die Geflügelkultur überm Rhein, erlauben den Kauf bester Ware. Dabei ist Hähnchen nicht gleich Hähnchen, und die wirklichen, nämlich die männlichen, sollten in den Topf kommen, wenn es beispielsweise um den Coq au Vin, den Hahn in Riesling, geht. Das Fleisch ist einfach etwas fester und geschmackvoller. Wer ganz sichergehen will, dass er junges Geflügel auf dem Teller hat, haut sich zwei oder drei Mistkratzerle in die Pfanne. Der alemannische Vetter aus der Wantzenau belieferte damit schon Urgroßmutter. Weil sich Geflügel trefflich in Massenhaltung züchten lässt, blieb auch der Missbrauch nicht aus. Diverse Skandale trübten leicht die Euphorie aus Wienerwalds Zeiten. Und als die Großmacht USA unser Land – diesmal kulinarisch – in Grund und Boden bombte und unser gutes altes Hähnchen in Chicken umtaufte, war sowieso alles zu spät. Heute bewahren einige wenige Wirtschaften, nicht nur vor den Toren Offenburgs, zumindest den Hähnchengenuss vor dem Untergang. Wer es ganz genau schmecken möchte, der besorgt sich zwei schöne Jungguller und bereitet sie schlicht nach Großmutter Art.

Für 4 Portionen:

2 Hähnchen von je ca. 1 Kilo

Weiter werden benötigt:

150 g Spickspeck in Scheiben
1 Karotte, 1 Zwiebel
1/4 Sellerieknolle
1 Sträußchen Petersilie
150 g Butterschmalz
400 ml Geflügelfond
Vorrätig: Salz, schwarze Pfefferkörner, Zitrone, Butter

Rezept

Zwei frisch geschlachtete und um Gottes Willen nicht gefrorene Hähnchen von sechs bis neun Wochen werden ausgenommen und innen ausgewaschen. Mit Salz und schwarzem Pfeffer aus der Mühle innen ausreiben, eventuell vorhandene Innereien in den Vogel geben und die Bauchöffnung zunähen. Nun bindet man die Hähnchen zusammen, wickelt sie in dünne Scheiben von weißem Speck und brät sie mit zwei Tassen kleingeschnittenem Wurzelgemüse mit Butterschmalz in einer großen Gusseisenkasserolle rundum an. Unter fleißigem Begießen 30 bis 45 Minuten bei 160° im Backofen garen. 10 Minuten vor Garende die Speckscheiben entfernen, zum Schluss den Bratensatz mit Geflügelfond ablöschen und etwas einkochen.

Profi-Tipp

Gabi Basler, Wirtin im „Mercyschen Hof" in Gengenbach, empfiehlt einen Esslöffel Butterschmalz extra in den Bauch des Hähnchens.

Schmeckt als Brust, Keule oder am Stück: Ente

Nicht nur an Festtagen: Eine Ente reicht auch für vier Personen

Junge, aber fette und schwere Vögel schmecken besser / Mit Rotkraut und Maroni

Weshalb in unserer kulinarischen Wertvorstellung die Ente hinter der Gans rangiert, könnte verschiedene Gründe haben. Nur einen nicht: Vom Geschmack, von der Zartheit und von der wirtschaftlichen Vernunft her gesehen steht die Ente der großen Schwester in nichts nach. Vermutlich kommt der Vorzug aus Traditionsdenken, aus Zeiten, als die Gans Zahlungsmittel war und sicher auch Masse vor Klasse ging. Die Leber, hier besonders die Stopfleber, kann´s auch nicht sein. Seit einigen Jahren läuft dieser Leckerbissen auf der anderen Rheinseite als Foie de Canard dem Daunenlieferanten den Rang ab. Ob das nur ein Trick der Produzenten war, um der leidigen Diskussion wegen der Stopferei aus dem Weg zu gehen, bleibt dahingestellt. Sei´s drum, unsere Züchter, die Fachgeschäfte und Lebensmittelmärkte versorgen uns mit erstklassiger Ware, wobei frei gehaltene Vögel jedem noch so schnell und fett gemästeten Exemplar vorzuziehen sind. Das Muskelfleisch hat eine saftigere und zartere Konsistenz, wenn Ente und auch Gans zu Fuß ihr Futter suchen. Noch immer fehlt´s an einer zuverlässigen Herkunftsbezeichnung für Enten der Extraklasse. Sicher liefern unsere Geflügelzüchter Ware, die sich vor den Stars aus der Bresse nicht zu verstecken braucht. Hier sind die Vögel von drei und mehr Kilo Gewicht Standard, und fette Enten schmecken einfach besser.

Für 4 Portionen:

- 1 Ente von 3 Kilo
- 1,2 l Geflügelfond
- 1 Pfund Karotten
- 2 Zwiebeln
- 50 g Butter
- evtl. 2 cl Cointreau
- 1 Sträußchen Salbei
- Vorrätig: Meersalz, schwarze Pfefferkörner

Rezept

Eine küchenfertige Ente nicht unter 3 Kilo innen und außen mit Meersalz und frisch gemörsertem schwarzem Pfeffer einreiben. 4 klein geschnittene Karotten und 2 gewürfelte Zwiebeln zusammen mit einem Salbeizweiglein in den Bauch stopfen und diesen zubinden. Im vorgeheizten Ofen (250°) die Ente mit der Brust nach oben auf einem Rost über der mit 800 ml Geflügelfond gefüllten Fettpfanne etwa eine halbe Stunde braten, dann die Temperatur auf 180° reduzieren, die Ente auf den Bauch drehen und weitere zwei Stunden garen lassen. Den Bratenfond eventuell mit Wasser nachfüllen. Wenn beim Einstechen zwischen Schenkel und Körper gelber, auf keinen Fall rötlicher Saft austritt, ist die Ente gar. Nun bei starker Oberhitze den Vogel mit Salzwasser einpinseln und 10 Minuten bräunen lassen. Der Bratenfond wird mit 400 ml Geflügelfond abgelöscht, abgegossen, entfettet, leicht sämig eingekocht, evtl. mit Cointreau gewürzt und mit eiskalten Butterstückchen aufmontiert.

Profi-Tipp

Uwe Anselment, Chef im „Rebstock“ in Ortenberg, bestreicht die Entenbrust mit einer Mischung aus Honig und Sojasauce.

In der Ortenau fliegt der Entenbraten vor die Haustür

Stockenten sind die häufigsten heimischen Wildenten / Als Braten haben sie im Spätjahr Saison
Beliebte Beilage: Rotkraut und Kastanien

Wildenten aus heimischer Jagd haben ab September bzw. Oktober Saison. Wer als Ente in diesen Wochen über die Ortenau fliegt, sieht schnell, wo´s was zu futtern gibt. Die Kollegen von der gefiederten Fraktion schwimmen – der Jäger sagt: liegen – bereits an den Futterplätzen, auf Seen oder auch an Flussufern. Besonders in den Morgen- und Abendstunden. Wenn´s dann knallt, ein Jogger oder Nachbars Waldi vorbeikommt, geht die Reise weiter, zum nächsten Futterplatz. Zu verdanken ist das reiche Aufkommen, insbesondere an Stockenten, der intensiven Hege der Waidmänner und -frauen rechts und links des Oberrheins. Vereinzelte weniger oder mehr berechtigte Proteste gegen die Bejagung wurden durch die von Enten in Badeseen eingeschleppten Parasiten eigentümlicherweise schwächer. Wer sich also für eine Wildente aus heimischen Gewässern interessiert, kann sich beim zuständigen Jagdpächter kundig machen. Bevor jedoch der Entenbraten goldbraun auf den Tisch kommt, ist seit jeher die mühselige Arbeit des Rupfens vor den Genuss gestellt. Kundige Köche und Hausfrauen sparen sich die Schur und balgen, sprich ziehen die Haut samt Federn ab.

Für 4 Portionen:

- 2 Wildenten von je 600 g
- 100 g Spickspeck in Scheiben
- 100 g Butterschmalz
- 2 große Zwiebeln
- 1 dl trockener kräftiger Rotwein
- 4 dl Geflügelfond
- 2 dl Crème fraîche

Zu Hause vorrätig: Meersalz, schwarze Pfefferkörner, Mehl, Butter, Bio-Zitronen, Wacholderbeeren, Orangenlikör

Rezept

Eine Ente, so sie nicht zu klein ist, reicht für 2 Personen. Die sorgfältig gerupften und ausgenommenen Vögel werden abgeflämmt, Köpfe und halbe Flügel abgetrennt, innen mit Salz und schwarzem Pfeffer aus dem Mörser ausgerieben, sechs Wacholderbeeren sowie eine halbe unbehandelte Zitrone in den Bauch gesteckt, die Brust mit dünnen Speckstreifen belegt und mit Bindfaden zusammengebunden. In einer schweren gusseisernen Kasserolle erhitzt man 100 g Butterschmalz, gibt die Wildenten zusammen mit einer geviertelten Zwiebel, einer halbierten Zitronenhälfte sowie sechs weiteren Wacholderbeeren hinzu. Die unter öfterem Wenden rundum goldbraun angebratenen Wildenten werden mit einem Schuss trockenem kräftigem Rotwein abgelöscht, mit 4 dl Geflügelfond und 2 dl Crème fraîche aufgegossen und je nach Alter der Vögel eine bis anderthalb Stunden zugedeckt bei leichtem Köcheln gegart. Nach Ende der Garzeit wird der Bratenfond entfettet, mit einer Mehlschwitze aus 1/2 EL Mehl und 1/2 EL Butter 15 Minuten ausgekocht und nach Belieben mit 2 EL Orangenlikör parfümiert. Als Beilage passen Rotkraut und Kastanien sowie Kartoffelpüree, ins Glas ein trockener Merlot.

Profi-Tipp

Harald Schilli vom „Rebstock" in Gengenbach-Fußbach bindet die abgezogenen Wildenten in dünne Scheiben von Spickspeck.

Als Vorgeschmack auf Weihnachten: Gänsebrust

Die Ortenau bietet frische Gänse direkt von der Wiese / TK-Ware muss schonend aufgetaut werden / Braten, grillen oder dämpfen

Jedes Jahr im November wackeln die „Martinibraten“ im Gänsemarsch über die Hofwiesen. Wohlgenährt ahnen sie von ihrem nahen Ende nichts, und dieses ist so sicher wie die Vorliebe der Feinschmecker für kross gebratene Keulen, saftige Gänsebrüste und an ganz hohen Feiertagen mal etwas Gänseleber, womöglich getrüffelt als Terrine. Die Beilagen sind eine Wissenschaft für sich. Mariniertes, mit Gänseschmalz und Johannisbeergelee verfeinertes Rotkraut muss sein, Knödel eigentlich auch, und Kartoffelpüree ist ebenso unverzichtbar. Es ist zwar ein subtiles Vergnügen, den knusprig braungebratenen Vogel im Kreise der Lieben auf der Tafel zu zerlegen, aber dann bleibt als Zubereitung lediglich die Technik des langen Garens bei relativ niederer Hitze. Die Brust, auch die Keule, präsentieren sich jedoch wesentlich saftiger, wenn kurzgebraten wird, also knapp eine viertel bis eine halbe Stunde. Besonders bei der Brust empfiehlt sich das Marinieren in feinstem Öl mit etwas Salz, Pfeffer und Thymian. Dann kann das Fleisch auch in der Pfanne oder unter dem Grill gegart werden. Bei der Keule erreicht man mit Dampfgaren und anschließendem Übergrillen bei fleißigem Begießen mit Gänsefett ebenfalls ein saftiges Ergebnis. Der Vorzug gilt natürlich einer frischen Bauerngans aus der Ortenau. TK-Ware sollte auf jeden Fall sehr langsam im Kühlschrank aufgetaut werden.

Für 4 Portionen:

- 2 ausgebeinte Gänsebrüste von je ca. 400 g
- 1 dl trockener Rotwein
- 400 ml Geflügelfond
- 5 cl Olivenöl extra vergine
- 50 g Butter
- evtl. 2 cl Orangenlikör

Vorrätig:
Meersalz, schwarze Pfefferkörner, Thymian

Rezept

Zwei ausgebeinte Gänsebrüste von je ca. 400 Gramm mit Thymian, Salz und frisch gemahlenem schwarzem Pfeffer einreiben, mit Olivenöl begießen und ca. drei bis vier Stunden marinieren. Abtropfen lassen und mit der Hautseite nach oben nicht zu nahe an der Hitze unter den Grill schieben, oder in der Pfanne auf der Haut, zehn bis 15 Minuten garen, bis die Haut eine schöne Farbe angenommen hat. Jetzt die Gänsebrust in den 180 Grad warmen Backofen stellen und weitere 20 bis 25 Minuten braten. Sobald das Fleisch gar ist, was sich beim Einstechen in einer gelbrosa Farbe zeigt, auf einer heißen Platte nochmals fünf Minuten ruhen lassen. 400 ml Geflügelfond und 1 dl Rotwein angießen, mit dem Bratenfond zur Hälfte einkochen und mit eiskalter Butter unter Rühren aufmontieren. Eventuell salzen und pfeffern. Wer´s mag, kann die Sauce mit Grand Marnier oder Cointreau parfümieren. Die Gänsebrust quer in dünne Scheiben schneiden und mit der Sauce übergießen.

Profi-Tipp

Jürgen Frey, Chef des Cateringunternehmens „Feste vom Feinsten“, gießt mit Ingwer, Zimt und Wacholder gewürztes heißes Sesamöl über die rohe Gänsebrust.

Der Kapaun: König auf dem Geflügelhof

Einst zu Weihnachten absolute Pflichtübung

Heute kommen die kastrierten Hähne aus der französischen Region Bresse

Deutschlands Feinschmecker sind in zwei Lager geteilt. Zumindest was den Festtagsbraten anbetrifft. Die einen frönen dem Gänsebraten, die anderen bevorzugen die Pute. Eigentlich heißt die im Schwarzwald Truthahn, auch „Rotznaseguller" wegen des roten Hausacks am Kopf, der sich so schön verfärbt, wenn die lieben Kleinen das Tier ärgern. Allzu viele gibt´s davon auf den Höfen nicht mehr, und wenn, dann meist als Familienangehörige mit entsprechendem Schutz. Die Krone des Festtagsgeflügels aber ist der Kapaun, ein etwa drei Monate alter kastrierter Hahn, der unvergleichlich zart und aromatisch schmeckt. Auf Bestellung, in einigen Straßburger Märkten auch im Angebot, ist er zu den Festtagen erhältlich. Er wiegt allerdings einige Kilogramm und ist für die Großfamilie gedacht. Mit Trüffeln gefüllt, gehört er zu den großen Klassikern aus Omas Küche. Heute ist das allerdings nicht mehr zu bezahlen, das Kilo schwarze Perigordtrüffel kostet mit Beziehungen so um die 600 Euro, oft auch mehr. Wer allerdings zufällig eine der duftenden schwarzen Knollen zu Hause hat, kann sie unter die Brusthaut des Kapauns schieben. Aber wie gesagt, es geht auch ohne.

Zutaten:

- 1 Kapaun, ca. 3 bis 4 kg
- 200 g Spickspeck
- 200 g mageres Schweinefleisch
- 20 g getrocknete Morcheln
- 150 g Butterschmalz
- 1/4 l Geflügelfond
- 200 g Bardierspeck
- 1 Zwiebel

Vorrätig: Meersalz, schwarze Pfefferkörner, Quatre Épices (Nelkenpfeffer)

Rezept

Ein küchenfertiger Kapaun von 3 bis 4 Kilo wird ausgewaschen und abgetrocknet. Eine Handvoll Morcheln werden über zwei bis drei Stunden eingeweicht, sorgfältig gesäubert und in feine Streifen geschnitten. 200 g Spickspeck und 200 g mageres Schweinefleisch von der Schulter lässt man durch die feine Scheibe des Fleischwolfs. Nun vermischt man die Morcheln mit dem Fleisch, würzt mit Salz, schwarzem Pfeffer aus der Mühle und 1/2 TL Pastetengewürz, unter dem Namen Quatre Épices, auch Nelkenpfeffer erhältlich. Diese Masse schiebt man locker unter die Halshaut des Tieres, den überschüssigen Rest in den Bauch des Vogels. Dann werden die Öffnungen zugenäht und der Kapaun in 150 g Butterschmalz zusammen mit einer feingeschnittenen Zwiebel angebraten. Dann gießt man 1/4 l Geflügelfond an, legt den Kapaun auf die Brustseite und brät ihn bei ca. 180° im Backofen ca. 1 1/2 Stunden. Nun dreht man den Vogel um, belegt die Brustseite mit einer dünnen Speckscheibe und lässt den Kapaun weitere 1/2 bis 3/4 Stunde unter fleißigem Begießen garen. Als Beilage passen Nudeln, gedünstete Äpfel, auch Rotkraut, und ins Glas eine Ortenauer Spätburgunder Rotwein Spätlese.

Profi-Tipp

Heinz Litterst, kulinarische Kompetenz in der Ortenau, schiebt zusätzlich dünne Scheiben vom Perigord-Trüffel unter die Brusthaut.

Das Perlhuhn: Zu Kaisers Zeiten geschätzt, heute fast vergessen

Als Pintade ist der wohlschmeckende Vogel in Frankreich auf jeder Tafel zu finden

Zart wie Poularde, geschmacklich wie Fasan

Nicht viele können mit dem Begriff Perlhuhn etwas anfangen. Dabei kommt es schon im „Kochbuch für Badische Haushaltungsschulen" in der Kaiserzeit vor. Das Geflügel gilt unter Kennern dem Fasan und der Poularde gleichermaßen als ebenbürtig. Numibisches, indisches oder türkisches Huhn, auch Pharaonenvogel – viele Namen hatte und hat das Perlhuhn auch heute noch. Im Geschmack leicht an Wildgeflügel erinnernd, dabei saftig wie eine Bressepoularde, gab es in Frankreich keine Schwierigkeiten, als Pintade die Tafel zu erobern. Dort wurde es auch zu seiner heutigen Rasse gezüchtet, und die Grande Nation ist mit über 50 Millionen Exemplaren Weltmeister in der Haltung von Perlhühnern. Sogar das qualitätsträchtige Label Rouge, entfernt mit unserer DLG-Prämierung verwandt, wird den schwarzweißen Leckerbissen dann verliehen, wenn sie mindestens 94 Tage im Freilauf auf der Wiese verbracht haben und mindestens zwei Kilo Lebendgewicht aufweisen. Dann haben sie auch das gleichmäßig helle braungelbe Fleisch und eine orange-braune Haut. Besagte Emma Wundt empfahl bereits vor 100 Jahren entweder das Braten wie bei Hühnern und Fasanen, oder das Dämpfen. Heute wird das Perlhuhn auch gesotten, im Dampf gegart, als Frikassee in Sauce serviert oder in Folie eingehüllt schonend zubereitet. Die Beilage gestaltet sich ebenso unkompliziert: Kohl oder Kraut wie beim Fasan, Püree, auch Früchte wie Äpfel oder Pfirsiche. Wer´s exotisch liebt: Das Perlhuhn verträgt sich gut mit Curry, mit Zitronengras oder mit anderen fernöstlichen Gewürzmischungen.

Rezept

Ein küchenfertiges Perlhuhn leicht salzen und pfeffern, mit Speckstreifen umwickeln und in einer schweren Kasserolle zusammen mit einer

Für 4 Portionen:

1 Perlhuhn von ca. 2 kg

Weiter werden benötigt:

150 g Speckstreifen

1 Karotte

1 Zwiebel

150 g Butterschmalz

5 cl Weinbrand

2 dl Crème fraîche oder Doppelrahm

400 ml Geflügelfond

Vorrätig: Salz, Pfeffer, Zitrone, Mehl, Butter

Karotte in Scheiben und einer fein geschnittenen Zwiebel in Butterschmalz rundum anbraten. Mit einem Schuss Weinbrand ablöschen und mit 400 ml Geflügelfond aufgießen, 2 dl Crème fraîche zugeben und bei geschlossenem Deckel etwa eine dreiviertel Stunde leicht köcheln lassen. Die Perlhühner auf eine vorgewärmte Platte legen, den Bratenfond durch ein Sieb passieren, nach Bedarf mit brauner Mehlschwitze leicht binden und mit einem Spritzer Zitronensaft würzen. Als Beilage eignen sich Püree oder Nudeln, ins Glas passt ein Ortenauer Grauburgunder.

Profi-Tipp

Jürgen Frey, Chef des Caterers „feste-vom-feinsten.de" in Willstätt-Sand, empfiehlt beim Perlhuhn einen Schuss Sherry in die Sauce.

Der perfekte »Gänsebraten«: Pute, Puter oder Truthahn

Eines der wenigen sinnvollen Gerichte aus Amerika / Truthähne sind auch bei uns jagdbar
Das wohl zarteste und ergiebigste Geflügel überhaupt

Es gibt ein Gerücht, nach welchem die Trapper in Nordamerika im vorvergangenen Jahrhundert auf Truthähnen, so groß wie ein Vogel Strauß, geritten seien, mit Satteltaschen, Steigbügeln und so. Das dürfte zwar übertrieben sein, aber in freier Wildbahn wogen Puter gut und gerne über zwanzig Kilo. Respekt jedenfalls flößten uns die exotischen Laufvögel in Kinderzeiten ein. Unerschrockenem Nachwuchs bereitete es ein diebisches Vergnügen, die nervösen Gesellen, welche in der Nachkriegszeit viele Hinterhöfe bevölkerten, zu reizen, und wenn dann der Kehlsack des Truthahns im Zorn anschwoll und die erste Attacke gegen die Störenfriede erfolgte, wurde den kleinen Spöttern schon etwas mulmig. Heute kennen wir den Truthahn oder zumindest Teile davon aus dem täglichen Angebot im Fleischerfachgeschäft. Da gibt´s dann Putenkeule, Putenbrust und andere schmackhafte Stücke des Vogels; sieben verschiedene Sorten Fleisch soll ein Puter liefern, was sich wohl mehr auf die Konsistenz bezieht. Und weil die wenigen Wildtruthühner, die vor fünfzig Jahren oder früher aus einer Geflügelfarm ausgebrochen sind und seither als jagdbares Wild durch die bundesdeutschen Wälder streifen, bei uns so gut wie nie erlegt werden, stammt das vielseitige Fleisch vornehmlich aus der Zucht. Das Fassungsvermögen unserer Backöfen erlaubt Truthähne bis zu fünf Kilo Gewicht; die großen, schwarzen Exemplare dienen der Schlachtung und kommen dann zerteilt in den Verkauf. Äpfel, Kastanien oder auch verschiedenes Gemüse wie Lauch, Karotten und Sellerie eignen sich wie bei der Gans als beliebte Füllung in den „Welschhahn“.

Für 8 Portionen:
1 Pute von ca. 4 Kilo
200 g Bardierspeck
100 g Butterschmalz
400 ml Kalbsfond
100 g Butter
1 dl Grauburgunder
Vorrätig: Meersalz, schwarze Pfefferkörner

Rezept

Eine junge Pute von ca. 4 Kilo reibt man innen und außen mit frisch gemörsertem schwarzem Pfeffer und Meersalz ein, umbindet den Vogel mit fetten Scheiben von Spickspeck und brät ihn in einer schweren Gusseisenkasserolle oder einem Gänsebräter in 100 g Butterschmalz rundum an. Unter ständigem Begießen soll die Pute bei ca. 170° im Backofen 2 Stunden garen. Dann stellt man den Vogel warm, gießt 400 ml Kalbsfond und 1 dl Grauburgunder an, löst den Bratensatz gründlich und kocht die Sauce kräftig ein. Zur Bindung 100 g eiskalte Butterstückchen einrühren, bis diese sich vollständig aufgelöst und der Sauce eine sämige Konsistenz verliehen haben. Sofort auftragen.

Profi-Tipp

Jürgen Frey vom Willstätter Cateringunternehmen „Feste vom Feinsten“ schiebt die Pute mit je einem Zweig Rosmarin und Salbei in den Ofen.

Eine Mahlzeit für die ganze Familie: Suppenhuhn

Schon König Heinrich IV. forderte für seine Untertanen am Sonntag ein Huhn im Topf
Schmackhaft und sättigend

Das Huhn im Topf benötigt eine einfache, dabei wohlschmeckende und dazu noch gesunde Zubereitung. Man legt das ausgewaschene Geflügel direkt in heißes Wasser und kann nach etwa einer Stunde zu Tisch bitten – wenn eine zarte Poularde oder ein junger Hahn verwendet wird. Hat ein altgedientes Huhn jedoch einige hundert Eier gelegt, dann verlängert sich die Garzeit erheblich; womöglich wird vorher der Topf weich. Die Brühe indes wird von einem betagten Huhn kräftiger. Weil Geflügel allgemein preiswert ist, darf´s aber eine Poularde oder ein Hahn von drei bis vier Pfund sein.

Für 4 Portionen:

- 1 Poularde oder ein junger Hahn von ca. 2 Kilo, evtl. 4 Hühnermägen
- 3 Karotten
- 1 Sellerieknolle
- 1 Zwiebel
- 1 Knoblauchknolle
- 2 Stangen Lauch
- 1 Petersiliensträußchen
- 150 g Petersilienwurzeln
- Zu Hause vorrätig: Salz, schwarzer Pfeffer, Lorbeer, Thymian

Rezept

Eine Karotte, ein Stück Sellerie und eine Knoblauchknolle steckt man in den Bauch des Geflügels, bindet es zu, indem man die Beine und den Bürzel fest aneinanderknotet, und legt es in einen Topf mit vier Litern heißem Wasser und zwei EL Salz. Wer´s mag, lässt zusätzlich einige Mägen mitgaren. Sobald die Flüssigkeit kocht, schaltet man die Temperatur etwas zurück und schäumt ab. Auf der Herdplatte bräunt man eine Zwiebel und gibt diese gleich mit in den Topf. Zwanzig Minuten später folgt die Gemüsegarnitur, bestehend aus zwei längs geviertelten Karotten, dem Weißen von zwei Stangen Lauch, das man zusammengebunden hat, eine halbe in Teile geschnittene Sellerieknolle sowie ein Kräutersträußchen aus Petersilie, Lorbeerblatt und einem Thymianzweig. Dazu kommen zehn schwarze Pfefferkörner und drei mittlere Petersilienwurzeln. Alles soll nun 30 bis 40 Minuten weiterköcheln, wobei die Flüssigkeit öfters aufwallen darf, weil bei zu geringer Hitze zwar die Poularde, nicht aber das Gemüse weich wird. Insgesamt braucht´s etwa eine Stunde, und ein komplettes Menü ist fertig: Die goldfarbene Suppe wird mit feinen Nudeln oder auch nur einer Scheibe Brot und etwas geriebenem Käse im Teller serviert. Als Hauptgang folgt das Geflügel, eventuell mit den Mägen, denen man die raue Innenhaut abzieht. Die Brust löst man mit einem scharfen Messer entlang des Brustbeins beiderseits aus, die Schenkel und Flügel kommen mit dem Knochen auf den Tisch. Das Gemüse wird dazuserviert, und als zusätzliche Beilage können Senffrüchte aufgetragen werden. Diese als Mostarda beim Italiener erhältliche süßscharfe Spezialität kommt zwar nicht aus dem Schwarzwald, schmeckt aber dennoch sehr gut. Orthodoxe Heimatköche lassen es bei grobem Salz und schwarzem Pfeffer aus der Mühle bewenden.

Profi-Tipp

Martin Zapf vom gleichnamigen Geflügelhof in Gengenbach-Schönberg empfiehlt Landgockel aus freiem Auslauf.

Zu Unrecht Stiefkinder der Küche: Stallhasen

Er sollte den Kindern inkognito serviert werden / Unterschiedliche Garzeiten

Stallhasen zählen nicht ohne Grund zum Geflügel

Der Stallhase gehört zum Schwarzwald wie das Milchvieh oder das Hühnervolk. Kenner bevorzugen den korpulenten Hasen mit zwei Kilo Lebendgewicht und mehr. Sie pflegen den Kontakt zu einem der zahlreichen Züchter oder Landwirte, denen es auch oft angenehmer ist, wenn der Liebling der Kinder über Nacht verabschiedet wird. Wichtig beim Braten sind die unterschiedlichen Garzeiten, und so sollte während des Kochens die Festigkeit des Fleisches öfter überprüft werden. Der Rücken ist in aller Regel in der Hälfte der Zeit gar. Ob dabei der Hase mit Rot- oder Weißwein eingelegt war, spielt keine Rolle. Die Beilage stellen im Schwarzwald breite Nudeln oder Kartoffelpüree, und das Leberle wird mit gedünsteten Zwiebeln und Petersilie als Vorspeise serviert.

Zutaten:

- 1 Kaninchen von ca. 2 bis 2,3 Kilo
- 2 Karotten, 1 Staudensellerie
- 1/2 Knoblauchknolle
- 2 Zwiebeln
- 1 l trockener Müller-Thurgau
- je 1 Zweig Thymian, Rosmarin
- 1 Sträußchen Petersilie
- 1 Lorbeerblatt
- 100 g Butterschmalz
- 50 g Butter
- 1/8 l Olivenöl
- 1 Glas Geflügelfond
- Vorrätig: Salz, schwarzer Pfeffer, Mehl

Rezept

Ein Kaninchen von vier bis fünf Pfund wird in portionsgerechte Stücke zerteilt und mit je zwei Tassen grob zerkleinerten Zwiebeln und Karotten sowie drei Knoblauchzehen, Thymian und Lorbeerblatt in trockenem Müller-Thurgau aus der Ortenau eingelegt. Am andern Tag nimmt man Fleisch und Gemüse aus der Marinade, trocknet alles auf Küchenkrepp ab und zerlässt in einer schweren Kasserolle 3 EL Butterschmalz in 2 EL Olivenöl. Darin wird das Gemüse etwa zehn Minuten angedünstet. In einer separaten Pfanne brät man in 2 EL Butterschmalz die mit 1 gehäuften EL Mehl bestäubten Kaninchenteile rundum goldbraun an und legt sie auf das Gemüse in der Kasserolle. Nun wird mit schwarzem Pfeffer aus der Mühle gewürzt und mit der Marinade etwa auf zweidrittel Höhe aufgegossen. Mit einem Kräutersträußchen aus Petersilie, Thymian und Lorbeerblatt köchelt der Hase im Backofen bei 140° ca. eine bis anderthalb Stunden. Der Rücken wird vorab herausgenommen und in einer vorgeheizten Schüssel mit Folie abgedeckt. Wenn alle Fleischstücke gar sind, wird das Kaninchen in einer Schüssel warm gestellt und der Fond mit den Gemüsen durch die „Flotte Lotte" und dann durch ein Sieb passiert und etwas eingekocht. Kurz vor dem Servieren rührt man 50 g kalte Butterstückchen unter, bis diese sich aufgelöst und der Sauce eine samtige Konsistenz verliehen haben. Dazu reicht man breite Nudeln und den Wein, der auch zur Marinade diente.

Profi-Tipp

Uwe Anselment, Chef im „Rebstock" in Ortenberg, gibt in die Kaninchensauce einen Schuss Cognac.

Fisch

In Großmutters Küche war der Aal Brotfisch

Der Einwanderer aus dem Sargassomeer wird in Europa erwachsen und kehrt zur Eiablage an seine Geburtsstätte zurück

Beim Aal scheiden sich die kulinarischen Geister. Man mag ihn, oder man mag ihn überhaupt nicht. Dabei ist´s wie bei allen unterschiedlich estimierten Delikatessen: Blind verkostet, verringert sich die Zahl derer, die wissentlich einen Aal nie verspeisen würden, vermutlich gegen null. Wer einmal eine Matelote genossen hat, käme kaum auf die Idee, jenes grätenlose Stück im Sortiment der vier oder fünf Fische mit dem schlangenförmigen Wassertier zu assoziieren. Eher wird er genau jenes Stück als das beste aus dem Gericht bezeichnen. Aber so ist´s halt mit den guten Sachen – Gott sei Dank, ist man versucht zu sagen, denn der Aal wird richtig knapp. Großmutters Kochbuch der Badischen Haushaltungsschulen führt sieben verschiedene Zubereitungen auf. Da wird der Aal blau zubereitet, da gibt es ihn in Rotwein, im Ofen oder auf dem Rost gebraten, auch paniert in Weckmehl. Heute braucht es etwas Glück, Beziehungen und einen guten Angler, um an diese Delikatesse zu kommen. Das langsame, aber leider zunehmend drohende Verschwinden dieser maritimen Spezialität hat mehrere Gründe. Die Vorliebe der Japaner, aber auch spanischer und französischer Gourmets für Glasaale, jene als fast durchsichtige Jungaale aus dem Sargassomeer in heimische Gefilde zurückkehrende Brut hatte zwischenzeitlich Kilopreise jenseits der 1000 Euro gezeitigt. Aber wie alles, was gerade im Preis maßlos übertrieben ist, wird sich hoffentlich auch dies wieder durch ein zunehmendes Angebot regulieren.

Für 4 Portionen:

- 1 kg Aal, küchenfertig
- ca. 16 große Salbeiblätter
- 100 g Butterschmalz
- 100 g Butter
- 500 g junge Kartoffeln
- 1 Zitrone
- 1 Bund Petersilie

Zu Hause vorrätig:
Meersalz, schwarze Pfefferkörner

Rezept

1 Kilo küchenfertigen Aal in fünf Zentimeter lange Stücke schneiden, mit frisch gemörsertem schwarzem Pfeffer und Meersalz würzen, mit breiten Salbeiblättern umwickeln und diese mit Küchengarn festbinden. In einer großen Pfanne 100 g Butterschmalz erhitzen und darin den Aal unter ständigem Begießen etwa eine halbe Stunde braten. Bindfaden und Salbeiblätter entfernen, die Aalstücke auf einer vorgewärmten Platte anrichten und mit frischer heißer Butter übergießen. Dazu passen junge Salzkartoffeln.

Profi-Tipp

Edgar Stückler, Wirt im „Schwanen" in Ichenheim, mariniert den Aal vor dem Braten mit Zitrone.

Eingelegter Fisch: eine Spezialität nicht nur für Angler

So verlieren die Gräten von Weißfisch & Co. ihren Schrecken / Als Escabeche rund ums Mittelmeer bekannte Köstlichkeit / Hier passt Bier dazu

Der Hausfisch des Schwarzwalds ist die Forelle. Hecht und Lachs sowie Zander sind ebenfalls Edelfische, für welche die aufwendigste Zubereitung gerade gut genug ist. Günstigster Vertreter der einheimischen Flossentiere ist dagegen der Weißfisch, zu dessen Familie auch die Rotaugen, die Grundeln, die Barben und die Alben gehören. Ihr Grätenreichtum macht sie jedoch wenig attraktiv, und so sind sie im Handel kaum zu finden. Wer jedoch ein aktives Mitglied von einem der zahlreichen Anglervereine in der Ortenau kennt, kann sich dieses preiswerte Essen ins Haus holen. Unter dem Namen „Escabeche" kennt man in den Mittelmeerländern die Zubereitung solcher Fische, wie sie auch in recht ordentlicher Qualität als Konserve auf dem Markt sind. Die Gräten verlieren durch Backen ihren Schrecken, und sauer eingelegt nach Großmutterart hält sich diese Spezialität im Kühlschrank über einige Tage. Sollte der befreundete Angler sich mit der Lieferung Zeit lassen – zur Übung können Sie auch junge Makrelen, preiswert und überall im Handel, sauer zubereiten.

Für 4 Portionen:

- 1 kg Weißfische
- 3 dl bestes Öl
- 2 dl trockener Ortenauer Riesling
- 2 dl Weißweinessig
- 1 Zitrone
- 6 Knoblauchzehen
- 2 Peperonischoten

Vorrätig: Meersalz, weiße Pfefferkörner, Korianderkörner, Kümmel, Lorbeerblätter, je ein Zweig Thymian und Majoran

Rezept

Für 4 Personen braucht´s als Vesper 1 kg Weißfische. Diese werden gesäubert, innen leicht gesalzen sowie mit weißem Pfeffer und einigen Tropfen Zitrone gewürzt. Jetzt wendet man die Fische in Mehl, klopft dies wieder ab und brät sie sofort in 2 dl feinem Öl, vorzugsweise Oliven- oder Sonnenblumenöl, auf beiden Seiten goldbraun an. Sodann lässt man die Fische abtropfen und legt sie in eine hohe Terrine aus Steingut oder Porzellan. 1 dl Öl wird erhitzt. 6 ungeschälte Knoblauchzehen frittiert man darin für einige Minuten, ohne dass sie schwarz werden. Sodann gibt man abseits vom Feuer 2 dl trockenen Ortenauer Riesling, 2 dl besten Weißweinessig, 1 dl Wasser und die Gewürze, bestehend aus einem Lorbeerblatt, 1 Thymianzweigchen, 1 Zweig Majoran, je fünf Pfeffer- und Korianderkörnern sowie 2 Peperonischoten, 1 Prise süßen Paprika und 1 Prise zermahlenen Kümmel dazu. Nun erhitzt man diese Marinade und lässt sie etwa eine Viertelstunde einkochen. Noch siedend gießt man die Flüssigkeit über die gebackenen Fische und stellt die Terrine für 24 Stunden an einen kühlen Ort. Zu diesem Gericht passt frisches Holzofenbrot. Ein Wein kann wegen des Essigs nur schlecht bestehen, deshalb empfiehlt sich zur Begleitung im Glas ein kühles Bier.

Profi-Tipp

Jürgen Frey, Inhaber der Willstätter Cateringfirma „Feste vom Feinsten", empfiehlt eine Prise Piment zu den sauer eingelegten Fischen.

Forellen: Blau, Müllerin Art oder in Rieslingrahm

Ein preiswerter Genuss / In jedem Schwarzwaldtal zu Hause
Sauberes Wasser und Frische sind oberstes Gebot für gute Qualität

Für 8 Portionen Forelle blau:

- 8 Forellen à 200 g
- 1/4 l Weißweinessig
- 1/4 l trockener Riesling
- 3 unbehandelte Zitronen
- 1 Petersiliensträußchen
- 50 g Butterschmalz
- 1 Lorbeerblatt

Für die Forellenfilets in Rahm:

- 4 doppelte Forellenfilets
- 4 EL Butterschmalz
- 2 dl süßer Rahm 40 %

Zu Hause vorrätig: trockener Riesling, Salz, Pfefferkörner, Mehl, Worcestersauce

Wenn zu Karfreitag am Baggersee kein Platz mehr frei ist und am Oberrhein sämtliche Forellenbestände des Badner Landes auf einen Schlag vertilgt werden, dann sollte eigentlich Schluss sein mit diesem Süßwasserfisch. Dass dem nicht so ist, liegt an der Reisefreudigkeit dieses Flossentiers. Gott sei Dank sind da die tüchtigen Fischzüchter nicht nur in der Ortenau, bei denen wir uns mit frischen Fischen aus der Heimat eindecken können, und dies das ganze Jahr über. Wer es ganz bodenständig handhaben möchte, bittet den Angler seines Vertrauens um eine freundliche Handreichung, und da können es dann auch mal Bachforellen sein, die mit ihren roten Punkten den Teller zieren. Aber auch Regenbogenforellen aus erstklassiger Zucht schmecken köstlich, und wenn Frische Trumpf ist, dann schmeckt´s noch mal so gut. Es gibt kein Diktat des Geschmacks, in der Küche schon gar nicht. Wer da im Sommer seine Forellen in Alufolie wickelt und auf dem Grill gart, soll es tun. Rechtgläubige Köche bereiten ihre Forellen blau oder Müllerin, und die seit einigen Jahren populär gewordenen grätenfreien Forellenfilets in Rahmsauce haben längst ihre Freunde gewonnen. Wichtig ist, dass der Feinschmecker seinen Fisch schätzt und nicht etwa zwischen zwei weichen Weckhälften im Stehen vertilgt. Das wäre eine Beleidigung unseres Schwarzwälder Wappenfisches.

Rezept klassisch

8 Forellen zu je 200 g vorsichtig ausnehmen, die Kiemen entfernen, 1/4 l Weißweinessig erwärmen und die Forellen damit übergießen. In den Durchzug stellen und nach dem Verfärben mit dem Essig in einen Fischsud aus 4 l Wasser, 3 EL Salz, 1 Sträußchen Petersilie, 1/4 l trockenem Riesling sowie einer Zitrone in Scheiben, 10 weißen Pfefferkörnern und einem kleinen Lorbeerblatt legen. Die Flüssigkeit sollte leicht sieden. Etwa 10 Minuten ziehen lassen, dann herausnehmen und mit etwas kaltem Wasser bespritzen. Mit Zitronenvierteln und ausgelassenem Butterschmalz servieren.

Forellenfilets in Rahm

4 doppelte Forellenfilets in Mehl wenden, abklopfen, salzen, pfeffern und in 4 EL Butterschmalz, auf der Hautseite zuerst, beidseitig anbraten. Herausnehmen, den Fond mit einem Schuss trockenem Riesling ablöschen, 2 dl Rahm zugießen, einkochen lassen, mit 1 TL Worcestersauce würzen, die Filets damit überziehen. Mit Nudeln servieren.

Profi-Tipp

Richard Schüle, Wirt im „Kinzigstrand“ in Biberach-Prinzbach, empfiehlt zum Braten der Forelle geklärte Landbutter.

Der Karpfen: An diesem Fisch besteht kein Mangel

Im Mittelalter war der Karpfen der Brotfisch in vielen Regionen
Ursprünglich in Asien zuhause / Auch der Koi gehört zur Familie

Wenn´s ums Essen geht, haben sich Mönche und Nonnen schon immer etwas einfallen lassen. Das nützte nicht nur der Ernährung des ganzen Volkes, das diente auch der Esskultur überhaupt. Bestes Beispiel ist der Karpfen. Als weite Landstriche noch mit Teichen zum Betrieb der Mühlen bedeckt waren, dienten die Gewässer praktischerweise der Fischzucht. Der Karpfen, von den Römern aus Asien eingebürgert, ist wiederum relativ leicht zu züchten, und mit dem Spiegelkarpfen mit seinem charakteristischen Buckel und flachen Körper hintergingen angeblich die frommen Kleriker das Fastengebot, nach welchem der Fisch nicht über die Tellerhöhe herausragen durfte. Heute ist der Karpfen eine beliebte Beute der Sportangler. Dass das Fleisch banal schmeckt, dürfte mit ein Grund sein, wenn der Karpfen nach erfolgreichem Drill wieder ins Wasser gesetzt wird. Der mit über 42 kg weltschwerste Vertreter seiner Zunft soll in Bordeaux gleich mehrere Male gefangen und wieder freigelassen worden sein. Eigenartigerweise ist der Karpfen auf badischen Tischen eher die Ausnahme, zumindest was die Gastronomie angeht. Ganz anders im benachbarten Elsass, wo dem frittierten Karpfen sogar eine Straße, die „Route de la Carpe frite“, gewidmet wurde. In der Tat ist das etwas fade und nicht selten leicht modrig schmeckende Flossentier im Fett ausgebacken durchaus eine Köstlichkeit. Bei uns zählt der Silvesterkarpfen zu den beliebten Regularien im kulinarischen Jahresablauf.

Für 4 Portionen:

1,5 kg Spiegelkarpfen
3 dl trockener Riesling
1 dl Weißweinessig
2 Bio-Zitronen
1 Petersiliensträußchen
250 g Butter
Vorrätig: Meersalz, schwarze Pfefferkörner, Zwiebel, Nelken, Lorbeerblätter

Rezept

Einen dreipfündigen Spiegelkarpfen aus optimalem Gewässer vom Fachmann ausnehmen lassen. Dabei darf der auf der Haut anhaftende Schleim nicht beschädigt werden, was das Blauwerden verhindern würde. In einem möglichst breiten Fischkocher 3 Liter Wasser mit 2 EL Meersalz, einer mit 3 Nelken und einem Lorbeerblatt gespickten Zwiebel, 8 schwarzen Pfefferkörnern, einer halben Zitrone und 3 dl Riesling aufkochen und 20 Minuten ziehen lassen. Den Fisch auf eine Platte legen, mit 1 dl hochwertigem, siedendem Weißweinessig übergießen und vorsichtig in den lauwarmen Sud legen. Aufkochen und je nach Größe 15 bis 20 Minuten ziehen lassen. Mit Zitronenscheiben und Petersilie auf einer Platte dekorieren, mit zerlassener schaumiger Butter servieren.

Profi-Tipp

Jürgen Frey vom Willstätter Caterer „Feste vom Feinsten“ serviert den Karpfen blau mit einer Mayonnaise mit gehackten Cornichons, Kapern und Kräutern.

Einst war Lachs Volksnahrung am Oberrhein

Seine Herkunft war für unsere Altvordern ein Rätsel

Vom Sargassomeer in den Schwarzwald / Süß- und Salzwasserfisch zugleich

Kaum ein anderer Fisch hat in den letzten Jahrzehnten eine ähnliche Karriere hingelegt wie der Lachs. Vor Jahrhunderten eine fast überdrüssig gewordene Volksspeise am Oberrhein und anderen großen Flussläufen Europas, nach dem letzten großen Krieg nahezu verschwunden, und heute für relativ kleines Geld gehandelte Zuchtware, ist der Lachs in aller Munde. Mit etwas Kenntnis und Geschick ist er aber leicht und schnell zuzubereiten. Er ist problemlos zu schuppen und zu entgräten, dabei recht schmackhaft zumindest für jene, bei denen der Fisch nach Fisch schmecken darf. Derzeit erlebt er eine kleine Renaissance, und seine Wiedereinbürgerung am Oberlauf des Rheins verschafft ihm eine gewisse Popularität. Davon profitieren auch jene Herrschaften, die mit Etikettenschwindel der Zuchtware das Image wild aufgewachsenen Lachses verpassen wollen. Aus Wildwassern stammend heißt noch lange nicht, dass es sich um den deutlich teureren Wildlachs handelt, und der Fjordlachs stammt ebenfalls aus Aquakulturen. Das muss nicht bedeuten, dass der Fisch deshalb minderwertig ist, aber manche Koofmichs können es halt nicht lassen. Dabei soll doch beim Betrug auch der Versuch strafbar sein. Sollte auf Dauer der rheinaufwärts schwimmende Salmo salar wieder zum gewohnten Bild werden, dann erledigt sich das Problem wohl von selbst. Bis dahin gilt: „Trau, schau wem". Unsere bewährten regionalen Fein- und Frischkosthändler führen jedenfalls ehrliche Ware. Und wie gesagt, auch der Zuchtlachs ist in der Regel erstklassig und schmeckt auch so. Wenn er im Ganzen gekauft wird, sind klare Augen und rote Kiemen untrügliche Beweise für seine Frische.

Für 4 Portionen:

- 1 Kilo Lachs (Schwanzstück)
- 1 l Fischfond (evtl. aus 2 kg Fischgräten)
- 1/4 l Riesling
- 100 g Butter
- 50 g Mehl
- 1 Zwiebel
- 1 Zitrone

Vorrätig: Meersalz, schwarze Pfefferkörner, Nelke, Lorbeerblatt, Weißweinessig

Rezept

Zwei Kilo Fischgräten lässt man in 2 Liter Wasser, 1/4 l trockenem Riesling, 5 EL Weißweinessig zusammen mit einer mit Nelke und Lorbeerblatt gespickten Zwiebel, 10 schwarzen Pfefferkörnern und 1 EL Meersalz etwa eine halbe Stunde köcheln. 1 kg frischer Lachs, möglichst ein Schwanzstück, beträufelt man mit Zitronensaft und lässt ihn im abgeseihten Fischsud bei schwacher Hitze etwa 20 Minuten ziehen. Das Fischfleisch darf nicht mehr glasig sein, aber auch nicht faserig werden. Für die Sauce löscht man eine blonde Mehlschwitze aus 1 EL Butter und 1 EL Mehl mit 1/2 l Fischsud ab, kocht diese Velouté gut 20 Minuten aus und schwenkt 50 g gekühlte Butterwürfel ein.

Profi-Tipp

Axel Armbruster, Chef in der „Pfeffermühle" in Gengenbach, gratiniert Steaks vom Lachs mit Urloffener Meerrettich.

Muscheln sind in Badens Töpfen längst heimisch

Seit einem halben Jahrhundert sind Miesmuscheln fester Bestandteil des jährlichen Speiseplans auch im Südwesten / Erbe Frankreichs

Dass Muscheln nicht schon längst fester Bestandteil im badischen Küchengeschehen sind, liegt an deren schneller Verderblichkeit. Auf der hochherrschaftlichen Tafel waren sie sicher schon früher zu finden, wie auch Austern oder Kaviar. Ungleich billiger als letztere Delikatessen, kennt man Miesmuscheln vor allem am Niederrhein. In Frankreich, in Italien und den Beneluxstaaten gehören sie seit jeher auf den Speiseplan. Einst mit der Einschränkung verbunden, dass sie „nur an Monaten mit 'R' verzehrt werden sollten“, sind Miesmuscheln heute ganzjährig frisch erhältlich. Hier in Baden fanden die „Moules marinières“ mit den Franzosen nach dem Krieg in die Teller. Anfangs im Freundeskreis ein- oder zweimal in der kälteren Jahreszeit als festes Küchenereignis gefeiert, bietet die heimische Gastronomie die maritime Köstlichkeit stellenweise übers ganze Jahr an. Wo früher mühsames Putzen angesagt war, wo trotz sorgfältigen Schrubbens doch das eine oder andere Sandkorn zwischen die Zähne geriet, reicht heute ein- oder zweimaliges Abspülen unter fließendem Wasser, um einwandfreie Ware in den Topf zu bekommen. Ob nun mit Weißwein, ob mit Tomaten, „à la crème“, ob gefüllt, gebacken, als Muschelsuppe oder als Ragout – die preiswerten Meeresfrüchte empfehlen sich auch für die größere Tafelrunde. Klassisch aber ist die Zubereitung auf rheinische Art, und wenn wir neidlos die Spätzle den Schwaben zugestehen, dann sollen eben die Muscheln als Beitrag rheinischer Kochkunst in die Badische Küche aufgenommen sein.

Rezept

Für vier Personen werden 4 Liter, entsprechend 3 kg vorgesäuberte Miesmuscheln, nochmals gründlich gereinigt, eventuelle Fäden, „Bärte“, und bereits geöffnete oder zerbrochene Exemplare entfernt und kalkige Parasiten abgekratzt.

Für 4 Portionen:

- 3 Kilo Miesmuscheln
- 1/4 l trockener badischer Riesling
- 1 Bio-Zitrone
- 2 Karotten
- 4 Schalotten
- 2 Stangen Lauch
- 1/2 Sellerieknolle
- 3 Knoblauchzehen

Vorrätig: Meersalz, schwarze Pfefferkörner, Sternanis, Lorbeer, Olivenöl, Petersilie

Je zwei Tassen in Julienne, also in feine Streifen geschnittene Karotten und Lauch, eine Tasse feingehackte Schalotten, eine Tasse in Brunoise, in kleinste Würfelchen geschnittene Sellerieknolle und 3 zerdrückte Knoblauchzehen werden in bestem Olivenöl weichgedünstet. Nun gibt man die Muscheln bei höchster Hitze hinzu, schüttelt den geschlossenen Topf einige Male, löscht mit 3 dl trockenem Weißwein ab, gibt 3 Sternanis, ein Lorbeerblatt, 1/2 Zitrone sowie schwarzen Pfeffer aus dem Mörser hinzu und kocht die Muscheln zugedeckt etwa 5 Minuten. Mit gehackter Petersilie überstreut auftragen.

Profi-Tipp

Brigitte Zapf, Wirtin in der „Bleiche“ in Offenburg, löscht die Muscheln mit trockenem Ortenauer Riesling ab.

Wild

Nicht nur junge Fasanen schmecken ausgezeichnet

Mitte Oktober beginnt die Jagdsaison aufs Niederwild / Mit Sauerkraut und Püree ein Hochgenuss / Auch als Ragout beliebt

Es ist nicht alles besser gewesen früher, wie von den Altvordern gerne erzählt wird. Vor allem das Waidwerk kannte nicht nur goldene Zeiten. Da rannten die Nimrods schon mal einen Tag durch den verschneiten Tann, um ein Reh zu erlegen. Wildschweine waren noch vor einem Vierteljahrhundert mancherorts fast ausgestorben. Wo die Veteranen im grünen Wams allerdings recht haben, ist beim Niederwild, vor allem bei Rebhühnern, aber auch bei Fasanen und Hasen. Früher wurde übers Jahr schon mal eine vierstellige Strecke gelegt, wenn der Fürst zur Jagd blasen ließ. Heute feiert man schon ein Zehntel davon als spektakuläre Beute. Wenn von Fasanenrezepten geschrieben wird, ist gewöhnlich von „jungen, einjährigen Vögeln" die Rede. Was mit einem älteren Gockel geschehen soll, zeigen die wenigsten Kochbücher auf. Weil aber auch im Schwarzwald nicht nur junge Fasanen erlegt werden, empfiehlt sich die Zubereitung für dieses Feldhuhn als Ragout. Ida Wingert selig, Kreuzwirtin in Kürzell, bekochte die Herren der Jagdgesellschaften auf diese Weise, und ihr Fasanenragout schmeckte herrlich, auch wenn die langen Sporen des Wildgeflügels von längerer Lebensdauer zeugten. Selbstverständlich gelingt dieses Gericht auch mit jungen Fasanen.

Für 4 Portionen:

1 Fasanenhahn von 1,5 Kilo
100 g geräucherter Bruststpeck
50 g Butterschmalz
2 große Zwiebeln
1 Stange Lauch
100 g Pfifferlinge
2 dl Grauburgunder
1 dl trockener Portwein
4 dl Geflügelfond
2 dl Crème fraîche
Vorrätig: Schwarze Pfefferkörner, Lorbeer, Thymian, Mehl, Butter

Rezept

Ein großer Fasan wird gerupft, abgeflammt und in sechs Teile geschnitten: zwei Keulen, zwei Flügel und die halbierte Brust. Das Fleisch brät man nun in 2 EL Butterschmalz zusammen mit einer Handvoll Speckwürfel in einer Kasserolle scharf an, gibt 2 Tassen Zwiebeln und 1 Tasse Weißes vom Lauch hinzu, salzt und würzt mit schwarzem Pfeffer, einem Zweig Thymian sowie einem Lorbeerblatt. Wenn das Fleisch goldbraun angebraten ist, streut man einen gehäuften EL Mehl darüber, lässt es Farbe annehmen und gießt mit 2 dl Grauburgunder, 1 dl Portwein oder Madeira sowie 4 dl Geflügelfond auf. Je nach Alter braucht das Fleisch zugedeckt eine halbe bis eine ganze Stunde Garzeit im 150° heißen Backofen oder auf der Seite des Herds. Die fertigen Fasanenteile werden auf eine warme Platte gelegt und der Fond mit 2 dl Crème fraîche aufgekocht. 100 g geputzte kleine Pfifferlinge brät man in 1 EL Butter in einer separaten Pfanne scharf an, passiert den Bratenfond durch ein Spitzsieb darüber, bindet mit 50 g eiskalten Butterstückchen unter ständigem Rühren und gießt die Sauce über das Fasanenragout.

Profi-Tipp

Theo Berl vom „Wilden Mann" in Marlen füllt mit Thymian gespickte kleine Zwiebeln in die Fasanen und hält so den Vogel von innen saftig.

Im Mai beginnt in Wald und Flur die Jagd auf den Roten Bock

Junges Rehwild ist unvergleichlich zart / Rücken und Keule zählen zu den edlen Stücken
Sicherer Einkauf direkt beim Waidmann

Normalerweise genießt der Feinschmecker die Wildküche in der kalten Jahreszeit. Das liegt daran, dass im Herbst die Jagd aufgeht und somit Reh, Fasan, Hase und Hirsch frisch auf den Tisch kommen. Ausnahmen machen bei uns das Schwarzwild und der Rehbock. Erstere sind als junge Wildschweine das ganze Jahr über jagdbar, sofern sie keinen Nachwuchs führen. Der Rehbock dagegen lebt ab Mitte Mai gefährlich. Dann werden die Bestände reduziert, vornehmlich in der Jugendklasse. Die einjährigen Böcke haben ein herrlich zartes, schmackhaftes Fleisch. Hier entfällt auch das Marinieren, das Einlegen in eine Beize, was bei älteren, zähen Tieren schon mal anzuraten ist. Allerdings weiß nur der Jäger und eventuell der erfahrene Metzger, wie viel Lenze der Bock auf dem Buckel hat. Deshalb ist Wildkauf Vertrauenssache, und am besten fragen Sie den Waidmann in Ihrer Nachbarschaft nach einem geeigneten Teil, vielleicht eine Keule vom Maibock. Die wiegt so um drei bis vier Pfund.

Für 6 Portionen:

- 1 Rehkeule von ca. 2 Kilo
- 100 g Brustspeck geräuchert
- 50 g Butterschmalz
- 50 g Butter
- 2 Zwiebeln, 3 Karotten
- 1/2 Sellerieknolle
- 50 g Tomatenmark
- 4 dl Wildfond
- 1 dl trockener kräftiger Rotwein
- 1 EL braune Mehlschwitze
- Zu Hause vorrätig: Salz, Pfefferkörner, Lorbeer, Wacholderbeeren, Thymian, Knoblauch, Olivenöl

Rezept Maibock-Keule

In einem Mörser einen EL Salz mit 10 schwarzen Pfefferkörnern, 6 Wacholderbeeren, 1 Lorbeerblatt, 1/2 TL Thymian, 2 Knoblauchzehen zerstoßen und 3 EL feinstes Öl dazugeben. Mit dieser Mischung die vom Metzger oder Jäger vorbereitete Rehkeule bepinseln und einige Stunden, in Frischhaltefolie eingepackt, bei Zimmertemperatur ruhen lassen. In einer schweren Kasserolle dünstet man 100 g feingeschnittenen Brustspeck glasig, gibt 3 EL Butterschmalz dazu und brät die Rehkeule rundum an. Zwei Tassen fein geschnittene Zwiebeln, 3 Karotten in Scheiben, eine halbe gewürfelte Sellerieknolle sowie 1 EL Tomatenmark lässt man kurz mit anrösten. Im 170° heißen Backofen braucht das Fleisch je nach Qualität und Alter 45 bis 60 Minuten zum Garen, wobei es mit dem Bratenfond immer wieder übergossen wird. Auf halbem Wege gibt man 1 dl Rotwein über die Keule und begießt das Fleisch weiterhin mit dem Fond in kurzen Abständen. Wenn die Keule gar ist, innen rosa, aber nicht mehr blutig, lässt man sie auf einer vorgewärmten Platte im abgestellten Ofen noch ca. zehn Minuten ruhen. Derweil löscht man den Bratensatz mit 4 dl Wildfond ab, bindet die Sauce mit 50 g eiskalten Butterstückchen, eventuell zuvor mit brauner Mehlschwitze. Dazu passen Spätzle als Beilage und ins Glas eine Ortenauer Spätburgunder Auslese trocken.

Profi-Tipp

Harald Schilli, Chef im „Rebstock" in Gengenbach-Fußbach, empfiehlt, die edlen Teile des Rehs, den Rücken oder die Nuss, nur kurz und rosa zu braten.

Der Rücken des Rehs entzückt jeden Feinschmecker

Ob als Medaillon, als Steak, als feinstes Ragout oder am Knochen:
Der edelste Teil des scheuen Waldbewohners schmeckt unvergleichlich zart

Das wohl beste Stück vom heimischen Wild ist der Rehrücken. Selbst ältere Tiere liefern zarte Exemplare, und entsprechend sind die Preise. Ein Rücken reicht allenfalls für sechs Personen, und von einem Kitz werden höchstens drei bis vier Esser satt. Allein die Knochen machen gut die Hälfte des Rückens aus. Dieser wird entweder ausgelöst, dann das Fleisch in Form von Medaillons zubereitet, oder, wesentlich attraktiver, im Ganzen gebraten, wobei das Fleisch saftiger bleibt und die Knochen zusätzlich Geschmack bringen. Die feine Haut über dem Rücken muss sorgfältig entfernt werden, aber das kann dem Fleischer oder Jäger überlassen bleiben. Dieser sollte auch die Karrees auf beiden Seiten vom Rückgrat so lösen, dass das Fleisch gerade noch der Länge nach an den Rippenenden hängt. Während der letzten 5 Minuten Garzeit können so die Stränge aufgeklappt und gleichmäßig durchgegart werden. Wichtig ist in jedem Fall eine möglichst genaue, kurze Garzeit.

Für 4 Portionen:

- 1 Rehrücken von ca. 2 Kilo
- 250 g Butterschmalz
- 100 g Butter
- 400 ml Wildfond
- 1 dl kräftiger trockener Rotwein
- 5 cl Kirschwasser

Vorrätig:
Meersalz, schwarze Pfefferkörner, Thymian, Lorbeerblätter, Wacholderbeeren, Rosmarin, feinstes Olivenöl, Cassislikör

Rezept

Aus Thymian, schwarzem Pfeffer, Rosmarin, Lorbeer und Wacholder wird zusammen mit Salz im Mörser eine Gewürzmischung bereitet. Diese verrührt man mit etwas Öl und pinselt damit den Rücken ein. Derweil lässt man einige Wacholderbeeren in einem Glas Kirschwasser ziehen. Nach drei, vier Stunden werden 250 g Butterschmalz in einem kleinen Stieltopf stark erhitzt. Der Rehrücken wird in eine große Kasserolle oder ein entsprechendes Backblech gelegt und mit dem heißen Schmalz übergossen. Das Fett muss auch entlang den Rückgratknochen einfließen. Den Bräter in den auf 180 Grad vorgeheizten Backofen stellen und das Fleisch öfter mit Butterschmalz übergießen. Nach ca. fünfzehn Minuten werden die Karrees auf beiden Seiten aufgeklappt, nochmals mit dem Bratfett begossen und weitere drei bis vier Minuten der direkten Hitze ausgesetzt. Jetzt gießt man das Kirschwasser über den Rücken. Im abgestellten Ofen ruht das Fleisch noch fünf bis zehn Minuten. Die Kasserolle mit einem separat zubereiteten Wildfond, ersatzweise mit einem Glas trockenem Rotwein und Kalbsbrühe ablöschen. Den Bratensatz lösen, nochmals alles kurz einköcheln lassen, eventuell nachwürzen. Mit eiskalten Butterstückchen zu einer cremigen Sauce aufschlagen. Mit 1 EL Cassislikör parfümieren. Dazu passen Spätzle und eine Rotwein Spätlese aus der Ortenau.

Profi-Tipp

Martin Herrmann vom „Dollenberg“, einer der erfolgreichsten Köche Deutschlands, verwendet für den Rehrücken nur frisch gemahlene Gewürze.

Reh: Herbst und Winter hohe Zeit für Wildgerichte

Besonders ältere Stücke eignen sich bestens für kräftige Ragouts
Beim Rotwein für die Marinade darf nicht gespart werden

Im September beginnt die Jagd aufs weibliche Rehwild, auf Geißen und Kitze, wobei die Schmalrehe, die weiblichen Kitze vom Vorjahr, bereits mit den Böcken ab Mai erlegt werden. Der späte Herbst und natürlich der Winter ist die hohe Zeit der Wildgerichte. Neben den edlen Teilen Rücken und Keule liefert uns das scheue Tier Hals, Blätter und Brust zur Herstellung eines Ragouts. Hier ist weniger mehr, denn der teure Rücken und die Keule eignen sich für diese Speise nicht so gut, weil sie schneller trocken werden. Dafür sind die übrigen Stücke nicht so zart und gewinnen durch eine Marinade über drei bis vier Tage. Vor allem ältere Stücke eignen sich besser zu Ragout als für Kurzgebratenes, einfach deshalb, weil sie zäher sind. Hier ist Vertrauen gefragt, weil das zerlegte Tier in Bezug auf sein Alter nur schwer einzuschätzen ist.

Für 4 Portionen:

- 1 kg Rehragout
- 100 g geräucherter Brustspeck
- 2 Karotten
- 2 große Zwiebeln
- 1/2 Sellerieknolle
- 1 l trockener kräftiger Rotwein
- 1/8 l Rotweinessig
- 1 dl Crème fraîche
- Zu Hause vorrätig: Meersalz, schwarze Pfefferkörner, Mehl, Butterschmalz, Wacholderbeeren, Lorbeerblatt, Nelken, Tomatenmark, Butter, Johannisbeergelee

Rezept Rehragout

Zwei Pfund Rehragout, möglichst vom Hals oder von den Blättern, werden in Würfel von 4 cm geschnitten. Aus 1 Liter kräftigem trockenem Rotwein, 1/8 l Rotweinessig, 2 Karotten in Scheiben, 1/2 Sellerie in Stücken, 2 Zwiebeln, in Achtel geteilt, sowie 4 Nelken, 1 Lorbeerblatt, 5 Wacholderbeeren und einem Zweigchen von der Weißtanne wird eine Marinade angesetzt und das Fleisch darin drei bis vier Tage ziehen gelassen. Nun wird die Marinade über ein Sieb abgegossen und aufbewahrt. Den Tannenzweig wirft man weg. Die Fleischwürfel werden mit Küchenkrepp sorgfältig abgetrocknet. 100 g geräucherter Brustspeck wird in Stücke geschnitten und mit 2 EL Butterschmalz in einer großen Gusseisenkasserolle glasig gedünstet. Die Speckwürfel werden ausgeschöpft und beiseitegestellt. Im heißen Speckfett brät man nun das Rehfleisch rundum kräftig an. Salz und schwarzer Pfeffer aus der Mühle sorgen für Würze. Das Gemüse aus der Marinade wird ebenfalls getrocknet, dazugegeben und mit angedünstet. Dann gibt man 1 EL Tomatenmark bei und rührt das Ganze durch. Nach etwa 10 Minuten löscht man mit der Marinade ab und gießt diese auf dreiviertel Höhe an. 1 EL braune Mehlschwitze wird im Sud aufgelöst, die Speckwürfel zugegeben und die Kasserolle in den Backofen bei 170 Grad geschoben. Das fertige Ragout wird mit 1 EL Johannisbeergelee abgezogen und mit 1 dl Crème fraîche vollendet. Als Beilage kommen nur Spätzle in Frage; ein trockener kräftiger Spätburgunder Rotwein aus der Ortenau ist der richtige Begleiter im Glas.

Profi-Tipp

Stefan Laier, Küchenchef im Landgasthaus „Krone“ in Ortenberg, gibt eine Prise Zimt ins Rehragout.

Das junge Wildschwein schmeckt besonders zart

Frischlinge nennen die Waidmänner das Schwarzwild bis zu einem Jahr / Starke Vorkommen beiderseits des Oberrheins / Wildschaden allerorten

Das ganze Jahr über, aber besonders im Winter, geht´s den Wildschweinen an den Kragen. Deren Auftreten schwankt periodisch, und lange Zeit waren die Borstentiere fast gänzlich verschwunden. Seit Anfang der neunziger Jahre ziehen die Rotten wieder verstärkt durch den Schwarzwald und vor allem durch das Rheinvorland. Mancher Landwirt und Winzer weiß ein Lied davon zu singen, wenn die muntere Schar in der Nacht einen ganzen Maisacker oder ein Rebstück umgedreht hat. Dann sind die Jäger gefragt, und ab und an erwischen die auch einen der Missetäter, besonders eben im Winter. Während die Bauern meist mit einem blauen Auge davonkommen, trifft´s die Waidmänner, die Revierpächter mit Schadensersatzforderungen bis in den fünfstelligen Bereich besonders hart. Die Schwarzkittel werden immer heimlicher, misstrauischer, und die Stunden oft vergeblichen, aber auch erfolggekrönten Ansitzens gehen allein im Ortenaukreis in die Tausende. Wildschwein gehört zum Besten, was die Natur an Kulinarischem zu bieten hat. Besonders Frischlinge haben das feinste Fleisch. Das sind Tiere von knapp einem Jahr Lebensalter. Sie sollten um die zwanzig Kilo wiegen. Aber auch Überläufer, männliche wie weibliche Sauen, sind mit bis zu 50 Kilo Gewicht begehrte Leckerbissen, vor allem der Rücken und auch als Gulasch oder Braten.

Für 4 Portionen:

- 1 Frischlingskeule von ca. 2 kg
- 1 Karotte, 1 Stange Lauch
- 1 Zwiebel
- 100 g Butterschmalz
- 50 g Butter
- Fleur de Sel
- 400 ml Wildfond
- 1/2 l trockener Müller-Thurgau

Vorrätig:
Meersalz, schwarze Pfefferkörner, Mehl

Rezept

Eine Frischlingskeule von drei bis vier Pfund wird mit Meersalz und frisch gemahlenem, besser gemörsertem schwarzem Pfeffer gewürzt und mit einem EL Mehl bestäubt. In einer großen Gusseisenkasserolle erhitzt man 4 EL Butterschmalz und brät die Keule ringsum goldbraun an. 1 Zwiebel, 1 Karotte, 1 Lauchstange werden grob zerkleinert zum Fleisch gegeben und mit angebraten. 1/2 l trockenen Müller-Thurgau angießen und in den auf 200 Grad vorgeheizten Backofen schieben. Die Garzeit liegt je nach Gewicht bei 45 bis 60 Minuten. Während des Bratens gibt man nach und nach etwas Wildfond oder Fleischbrühe zu und begießt das Fleisch immer wieder mit dem Fond. Dieser wird nach dem Garen durch ein Sieb gegossen und mit 50 g eiskalten Butterstückchen unter dauerndem Rühren gebunden. Die Keule schneidet man in Scheiben und serviert sie mit Spätzle, Preiselbeeren und grünem Salat. Dazu passt ein trockener Spätburgunder Rotwein aus der Ortenau.

Profi-Tipp

Andreas Schmider, Küchenchef im „Mercyschen Hof" in Gengenbach, würzt die Frischlingskeule mit frisch gemörsertem Piment.

Süßspeisen, Desserts und Kuchen

Möglichst warm aus der Hand essen: Apfelküchle

Von frischen wie von abgelagerten Äpfeln ein Hochgenuss / Boskoop und Braeburn sind Sorten der Wahl / Zimt und Zucker unverzichtbar

Dass der Apfel von biblischer Bedeutung ist und bis heute seine Wichtigkeit hinsichtlich unserer Ernährung und eben auch für unser Genussbedürfnis behalten hat, dürfte unbestritten sein. Immerhin wurde er stets hoch geschätzt, so hoch, dass er das ganze Jahr über zur Verfügung stehen sollte. Bis Ostern war das auf der Dörrpritsche kein Problem, und heute ist er dank der Kühltechnik oder zu Lasten der Kerosinbilanz ohne Unterbrechung im Angebot. Doch, Hand aufs Herz, am besten schmeckt er halt frisch vom Baum. Ohne Zahl die Kuchen mit oder ohne Belag bis hin zu aufwendig getürmten Torten. Oder ganz simpel anspruchsvoll der französische Klassiker Tarte Tatin, ein so schnell wie köstlich zuzubereitendes Dessert, das jeder im Handumdrehen auf den Tisch bringt. Der Vorzug gilt dabei den etwas säuerlichen, nicht zu saftigen Sorten wie Braeburn oder Boskoop. Äpfel aus der Tiefkühltruhe verbieten sich von selbst, aber leicht schrumpelige Exemplare eignen sich immer noch für Apfelküchle, jene badische Begleiter beispielsweise einer Kartoffelsuppe. Auch wenn sie einem unter dem für alemannische Zeitgenossen höchst missverständlichen Begriff „Fingerfood" fast nicht mehr den Hals runterwollen – das eine oder andere verschwindet schon mal en passant unbemerkt frisch aus dem Fett vom Abtropfpapier. Aber das sind lässliche Sünden und ehren vielmehr die Hausfrau.

Für 4 Portionen:

1 Kilo leicht säuerliche Äpfel
1 EL Vanillezucker
50 g Zucker
250 g Mehl
3 Eier mittelgroß
2 dl Müller-Thurgau
4 cl Apfelschnaps
1 Pfund Butterschmalz
Vorrätig: Meersalz, Sonnenblumenöl, Zimt

Rezept

1 Kilo Äpfel schälen und mit einem Ausstecher das Kernhaus entfernen. In Scheiben von zirka 1 Zentimeter schneiden und in einer Schüssel mit 1 EL Vanillezucker bestreuen, gut durchmischen und ziehen lassen. 3 mittelgroße Eier trennen, mit den Eigelb, 250 g Mehl, 50 g Zucker, 2 dl Müller-Thurgau sowie 2 EL Apfelschnaps und 1 EL Sonnenblumenöl einen Teig anrühren und eine Viertelstunde aufquellen lassen. Das Eiweiß mit einer Prise Meersalz zu einem festen Schnee aufschlagen und vorsichtig unter den Teig heben. Die marinierten Apfelscheiben auf Küchenkrepp trocknen, nach und nach durch den Teig ziehen und im ca. 200 Grad heißen Backfett, vorzugsweise Butterschmalz, schwimmend goldgelb ausbacken. Auf einem Backgitter nebeneinander abtropfen lassen und mit Zucker und Zimt bestreut sofort servieren. Ob sie nun traditionell badisch mit Kartoffelsuppe oder „nur" mit einer nicht zu trockenen Spät-, besser noch Auslese gegessen werden, bleibt dem Genießer überlassen.

Profi-Tipp

Patrick König vom gleichnamigen Café in Oberharmersbach gibt einige Tropfen alten Calvados über die noch warmen Apfelküchle.

Der Brombeerwein zählte einst zu Opas Alcopops

Vollreife ist bei der dornigen Frucht unabdingbar / Sehr beliebt als Marmelade und Gelee
Auch hier sind Griechen und Römer die Importeure

Juli und August sind die große Zeit der Beerenfrüchte im Schwarzwald. Brombeeren sind zwar mühsam zu ernten, zumindest die wilde Art. Aber diese schmeckt unvergleichlich besser, wobei auch Zuchtware durchaus ihre Qualitäten hat. Wie fast alles, was schmeckt in unseren Breiten, hatten die Römer das Verdienst der Einführung nördlich der Alpen, wenngleich die biologisch zum Steinobst zählende Frucht aus Asien stammt. Seit alters her treibt es die Beerenjäger in den Wald, wo sich an sonnenbeschienenen Waldlichtungen der Spankorb rasch füllen lässt. Unvergessen die ersten Erlebnisse mit Brombeerwein, eine überaus tückische Erfahrung, weil halt doch Alkohol im Spiel war. In der Wirkung stand diese Köstlichkeit den heutigen Alcopops in nichts nach. Hinsichtlich der Gefahr einer Kontamination mit dem Fuchsbandwurm, in den letzten Jahren ab und an ins Gerede gekommen, haben die Brombeeren unter den Waldfrüchten, gegenüber den Heidelbeeren und auch Pilzen, klare Vorteile durch ihren höheren Standort. Sie sind nur wirklich schmackhaft, wenn sie am dornigen Strauch vollkommen ausreifen. Brombeermarmelade, Wein, Saft und Kuchen sind die gebräuchlichsten Speisen mit der schwarzroten Frucht. Für das nachfolgende Dessert braucht´s nur noch Zucker, süßen Rahm, etwas Alkohol und Eier, alles Dinge, die im ländlichen Vorratsschrank zu finden sind.

Für 4 Portionen:

- 1 Pfund vollreife Brombeeren
- 150 g Rohrzucker
- 70 g Butter
- 3 dl Sahne
- 1 dl Crème fraîche
- 3 Eier
- 1 Bio-Zitrone
- 1 Bourbonvanilleschote
- Vorrätig: Himbeergeist oder Brombeerlikör

Rezept

1/4 Liter Wasser wird unter Rühren mit 3 EL Zucker, möglichst Rohrzucker, aufgekocht und der Saft einer halben Zitrone zugegeben. Wenn sich der Zucker aufgelöst hat, vom Feuer nehmen und 4 cl Himbeergeist oder 4 cl Brombeerlikör unterrühren. Diesen Sirup gibt man über 500 g vollreife Brombeeren und zerdrückt diese grob mit einer Gabel. Sollten die Beeren zu sauer sein, mit Zucker nachsüßen. Das Brombeermus füllt man nun halbhoch in 4 feuerfeste Schalen und stellt diese für eine Stunde ins Tiefkühlfach. 3 Eigelb werden mit 3 dl süßem Rahm und 1 dl Crème fraîche sowie 50 g Zucker, der abgeriebenen Schale einer halben Zitrone und dem ausgekratzten Mark einer Vanilleschote mit einem Schneebesen kräftig geschlagen. Diese Mischung gibt man über die Brombeeren und stellt die Schalen 5 Minuten unter einen vorgeheizten Grill oder in den Backofen bei voller Oberhitze. Sofort servieren. Dazu passt eine Ortenauer Scheurebe Trockenbeerenauslese.

Profi-Tipp

Jürgen Frey, Inhaber des Cateringunternehmens „Feste vom Feinsten“, würzt die Brombeeren mit tasmanischem Pfeffer.

Dampfnudel, die Verwandte von Germ- und Semmelknödel

Süß oder salzig – auf jeden Fall mit einem knusprigen Boden
Diese Hefespeise schmeckt besonders mit Kartoffelsuppe oder Weincreme

Was gut ist, kommt wieder, sagt ein altes Sprichwort. Das trifft mit Sicherheit auf die Dampfnudel zu, und wo die elfenbeinfarbenen Halbkugeln ums Haar in Vergessenheit geraten wären, finden sie sich heute auf Jahrmärkten und Speisekarten auch gehobener Restaurants wieder. Besonders in der Pfalz und in Bayern genießt die Hefespeise hohes Ansehen. Bei unseren rheinischen Nachbarn gibt es in Oppau das „Dambnudelfest", auch gleich zwei Dampfnudeltore, die nachgewiesen zumindest in einem Falle an die Rettung vor Brandstiftung und Mord im Dreißigjährigen Krieg erinnern. Ob mit Mohnfüllung oder mit Marmelade, ob süß oder mit einer salzigen Kruste, ob mit Kartoffelsuppe oder Weincreme – Dampfnudeln erfreuen seit jeher nicht nur die Herzen der Kinder, bei Letzteren natürlich ohne Wein, sondern mit Vanillesauce oder mit Apfelmus. Im Gegensatz zum Germknödel oder Semmelknödel unserer alpenländischen Vettern wird die Dampfnudel gleichzeitig gedämpft und gebraten. Das verleiht ihr die luftige Konsistenz und auch einen knusprigen Boden. Wichtig hier ist das richtige Geschirr, am besten eine Gusseisenkasserolle. Diese sollte möglichst dicht schließen, und Neugierde beim Kochen ist hier fehl am Platz. Wer den Deckel zu früh hebt, muss mit einem zusammengefallenen Häufchen Hefeteig rechnen. Wer aber warten kann, bis ein leises Knistern zu hören ist, der serviert seine prallen Dampfnudeln mit einer herrlich knusprigen Kruste.

Für 4 Portionen:

1 Pfund Mehl
80 g Butter
25 g Hefe
1/4 l Milch
1 Ei
2 EL Butterschmalz
Vorrätig: Meersalz, Zucker

Rezept

Aus 1 Pfund Mehl, 1 TL Salz, 60 g Zucker, 80 g Butter, 1/4 Liter Milch, 1 Ei und 25 g Hefe rührt man einen Teig an und stellt ihn etwa eine Stunde an die Wärme. Wenn der Teig aufgegangen ist, sticht man mit einem Löffel Stücke von doppelter Größe eines Hühnereis ab und lässt diese auf einem gemehlten Brett nochmals eine halbe Stunde ruhen. In einer schweren Kasserolle mit Deckel zerlässt man 2 EL Butterschmalz, gibt ein Glas Wasser und je 1 TL Salz und Zucker hinzu und lässt alles kurz aufschäumen. Nun setzt man die Dampfnudeln nebeneinander hinein, verschließt die Kasserolle möglichst dicht. Die Backzeit auf schwachem Feuer dauert etwa 20 Minuten. Sobald es im Topf knackt und knistert, sind die Dampfnudeln fertig. Ins Glas passt ein Ortenauer Grauburgunder.

Profi-Tipp

Axel Armbruster, Chef in der „Pfeffermühle" in Gengenbach, bestreut die Dampfnudeln mit einer Prise Safranpulver.

Ein Erbe von Kaiser Franz Josef: Dummis oder Kratzete

Als Kaiserschmarrn ist Hofbauers Lieblingsdessert auch heute noch in aller Munde – nicht nur in der ehemaligen Donaumonarchie

Eines der köstlichsten Pfannendesserts ist der Dummis. So genannt, hat Heinrich Hansjakob die luftige Version eines Pfannkuchens unsterblich gemacht. Dummis ist die Schwarzwälder Bezeichnung, andernorts heißt er auch Eierhaber oder Kratzete. Unter letzterem Namen gehört er für viele – ohne Zucker – als unverzichtbare Beilage zum Spargel. Dabei ist diese Spezialität durchaus keine badische Erfindung und dürfte, wie so vieles, ihren Ursprung in Österreich haben. Dort zumindest ist die Heimat des Kaiserschmarrn, und diese „Mehlspeis" ist auf den Dessertkarten der ganzen Welt zu finden. Er ist die wohl berühmteste Süßspeise der österreichischen Küche. Die Legende verweist auf Kaiser Franz Joseph I., dem anlässlich eines Jagdausflugs ein damals populärer Holzfällerschmarrn serviert wurde, allerdings mit Rosinen. Später wurde diese kaiserliche Version des Schmarrn auch mit Kirschen, mit Mirabellen, mit Schattenmorellen zubereitet und je nach Gusto mit den aus diesen Früchten destillierten Schnäpsen veredelt. In der damaligen K.u.K.-Monarchie waren die Schmarrn allgegenwärtig und sind heute noch in der Pannonischen Tiefebene zu finden. Etwas Geschick reicht zur Zubereitung. Allerdings ist der schnelle Koch gefordert: Vorbereiten lässt sich der Dummis nicht, und wenn er fertig ist, muss er sofort auf den Tisch. Weitere Spielarten sind Weck-, Grieß- und Kartoffelschmarrn. Diese Genüsse finden sich aber kaum mehr auf dem Teller. Zu Großmutters Zeiten wurden sie oft als vollwertige Mahlzeiten zusammen mit Obst und Salat gereicht.

Für 4 Portionen:

500 g Mehl
8 Eier
125 g Süßrahmbutter
1/2 l Milch
125 g Zucker
Nach Gusto:
1 EL Rosinen und 1 EL Mandelsplitter
Vorrätig: Meersalz, Cognac, Puderzucker

Rezept

Aus 1 Pfund Mehl, 1/2 Liter Milch, 8 Eigelb, 1/2 TL Salz und einem Viertelpfund Zucker bereitet man einen Pfannkuchenteig. Die Eiweiß schlägt man zu einem festen Schnee, lässt 125 g Butter höchstens lauwarm flüssig werden und hebt beides vorsichtig unter den Teig. Wer es exquisit möchte, mischt je einen EL in Cognac marinierte Rosinen und Mandelsplitter darunter. In einer großen Gusseisenpfanne lässt man Butter heiß werden, backt Pfannkuchen von 1 cm Dicke halb durch und sticht mit einem breiten Kochlöffel Stücke von Daumengröße ab. Jetzt lässt man den Dummis noch 2 Minuten nachbacken, streut Puderzucker darüber und serviert ihn unverzüglich in der Pfanne, zusammen mit Salat oder Obst und einer badischen Scheurebe Beerenauslese.

Profi-Tipp

Patrick König, Chef im „Café König" in Oberharmersbach, empfiehlt eine Prise Zimt über den Dummis.

Beiderseits des Rheins der Kuchen der Alemannen: Guglhupf

Süß zum Kaffee oder salzig zum Apero / Auf die Form kommt es an

Ins Glas passt Gewürztraminer, Muskat oder auch Grauburgunder

Der Kuchen der Alemannen ist der Guglhupf. Wo er herkommt, weiß keiner so recht. Seine Geschichte liegt im Grau der badischen Urküche verborgen. Ob er nun wirklich österreichischer Herkunft ist, wie vielfach behauptet wird, spielt eigentlich keine Rolle. Jedenfalls ist diese Variante des Napfkuchens wie er nördlich der Mainlinie genannt wird, sonst nirgendwo zu finden. Im Schwarzwald wird er gerne mit einer gewissen Restfeuchte ausgebacken, was ihn auch noch nach drei bis vier Tagen saftig schmecken lässt. Unsere alemannischen Vettern im Elsass lieben die strohige Variante, die wiederum zum trockenen Wein gut schmeckt. Dort wird auch der Speckguglhupf gebacken. Und zum Dessert wird dann in kleinen Förmchen der „Gougloff glacé“, der geeiste Guglhupf serviert, mit eingelegten Sauerkirschen eine Köstlichkeit. Ob nun die charakteristischen Formen mehr zu Dekorationszwecken oder zum Backen verwendet werden, ist nicht erwiesen. Jedenfalls machen die Töpfer in Soufflenheim und Betschdorf im nördlichen Elsass gute Geschäfte mit diesem Souvenirartikel. Eine möglichst alte Keramikform trägt wesentlich zum Gelingen des Kuchens bei. Je betagter die Form, desto typischer der Geschmack. Schweineschmalz zum Einfetten des Geschirrs gibt ein deftiges Aroma; Butterschmalz schmeckt etwas dezenter. Blech- oder gar Teflonformen sollten außen vor bleiben. Auf keinen Fall darf eine irdene Form in die Geschirrspülmaschine. Spülmittel sollten ebenfalls tabu sein. Früher verwendete man Soda zum reinigen. Wer aber seine Guglhupfform regelmäßig benutzt, kann sie lediglich mit kochendem Wasser reinigen.

Für ca. 12 Kuchenstücke:

3/4 Pfund Mehl
25 g Hefe
3 Eier
125 g Butter
125 g Zucker
250 ml Milch
125 g Rosinen
Vorrätig: Meersalz, Mandeln

Rezept

3/4 Pfund Mehl werden in eine Schüssel gesiebt und in der Mitte ein kleiner Vorteig mit einem Brei aus 25 g Hefe und etwas Milch angerührt. Nach einer halben Stunde gibt man 3 Eier, 125 g Butter, 125 g Zucker, 250 ml Milch, 125 g Rosinen sowie 1 TL Salz in die Mehlschüssel, rührt kräftig durch und lässt den Teig an der Wärme etwa eine Stunde gehen. Dann wird die Masse nochmals luftig durchgeschlagen. Nun streicht man eine Backform reichlich mit Fett oder Schmalz ein, kleidet mit Mandeln aus und füllt den Teig hinein. Dieser soll eine weitere Stunde an der Wärme gehen und dann bei 180° im vorgewärmten Backofen etwa eine Stunde backen.

Profi-Tipp

Patrick König vom gleichnamigen Café in Oberharmersbach dünstet für die salzige Variante des Guglhupfs die feingeschnittenen Speckstreifen vorher kurz an.

Alljährliche Pflichtübung: Heidelbeerkuchen

Die Standardfrucht im Schwarzwald hat viele Namen / Von starker Farbkraft
Als Kompott, Marmelade, Gelee das ganze Jahr über auf dem Tisch

Eine der beliebtesten Sommerfrüchte aus dem Garten von Mutter Natur sind die Heidelbeeren. Als die Zeiten weniger gut und der Krieg gerade überstanden, waren die Wälder voll von Menschen, die mit der Raffel und einem kleinen oder größeren Eimer die Heidelbeerbüsche aberntefen. Raffeln sind heute dem Vernehmen nach nicht gerne gesehen vom Förster, weil sie die Pflanze schädigen, aber immer noch erfreut sich die Blau- oder Schwarzbeere, die Wald- oder Wildbeere, Zeck-, Bick- oder Moosbeere, oder wie sonst diese stark färbende Abart aus der Familie der Heidekrautgewächse sonst noch heißt, großer Beliebtheit. Ob mit oder ohne Schlagsahne wird die im Gegensatz zur Zuchtware sehr aromatische wilde Frucht vom Kenner immer bevorzugt, trotz des geringen Risikos der möglicherweise anhaftenden Eier des Fuchsbandwurms. Die bodenständigen Feinschmecker erkennt man sofort an tief blauroten Lippen, Zungen und Zähnen. Blaubeeren lassen sich sowohl frisch verzehren als auch in der Küche verwerten, als Heidelbeerkompott, Heidelbeermarmelade, Heidelbeereis, Heidelbeerkuchen, Hefeklöße mit Heidelbeeren sowie Heidelbeerpfannkuchen.

Für 12 Kuchenstücke:

- 1 Pfund Heidelbeeren
- 250 g Mehl
- 150 g Zucker
- 125 g Butter
- 1 Ei
- 2 dl süße Sahne
- evtl. 2 EL Aprikosenmarmelade
- Vorrätig: Meersalz, Weckmehl, Zimt

Rezept

Alljährliche Pflichtübung in der Schwarzwälder Kuchenbäckerei ist der Heidelbeerkuchen. Ob nun Blätterteig, Hefe- oder Butterteig die Unterlage bilden, ist Geschmackssache. Butterteig dürfte nicht so schnell feucht werden. Dazu braucht´s für den Teig ein halbes Pfund gesiebtes Mehl, 100 g Zucker, ein Eigelb, 1 TL Salz, ein Viertelpfund Butter und etwas Wasser. Die Zutaten werden verknetet und im Kühlschrank etwas ruhen gelassen. Eine Kuchenform belegt man nun 2 mm dick mit Teig und sticht diesen mit einer Gabel mehrfach ein. Sodann bestreut man den Boden mit 2 EL Weckmehl und gibt die einige Stunden vorab gewaschenen und gut abgetropften Heidelbeeren darauf. Damit das Obst keine Feuchtigkeit zieht, streut man 4 EL Zucker, mit 1 TL Zimt vermischt, erst nach dem Backen (30 bis 45 Minuten im 200° heißen Backofen) über den Kuchen. Dieser sollte sofort aus der Form auf ein Gitter gelegt werden. Wer möchte, kann den Heidelbeerkuchen mit Aprikosenmarmelade glasieren. Dazu wärmt man 2 EL Marmelade mit 2 TL Wasser leicht an, passiert durch ein feines Sieb und gibt diese Glasur über die Heidelbeeren. Unverzichtbar als Beilage: Schlagsahne, eventuell mit etwas Kirschwasser parfümiert.

Profi-Tipp

Lothar Birnbräuer, Inhaber des gleichnamigen Cafés in Gengenbach, gibt das Mark einer Bourbonvanille in den Heidelbeerkuchen.

Hält bis Ostern: das Hutzelbrot

Ein geistvolles Weihnachtsgebäck zum sofortigen Genuss oder als Vorrat
Links des Rheins heißt es wegen der Birnen „Berawecka"

Das Hutzelbrot gehört traditionell zur Weihnachtsküche am Oberrhein. Unsere Nachbarn im Elsass kennen es als Berawecka. In den Tagen des Advent war zumindest früher genug Zeit und Muße, die aufwendige Zubereitung in Angriff zu nehmen. 2 Tage braucht es schon, bis die Früchte vom Kirschwasser durchdrungen sind. Der verwendete Brotteig aus Schwarzmehl sollte wenigstens eine 3/4 Stunde geschlagen werden und, mit den Zutaten zu Laiben geformt, einen weiteren Tag ruhen – kurzum, intensive Küchenarbeit ist angesagt, will man ein Hutzelbrot nach Art der Großmutter genießen. Die Mühe lohnt sich, jedenfalls dann, wenn man eine größere Anzahl dieses köstlichen Gebäcks für die Weihnachtszeit, als Geschenk an die Freunde und Verwandten, und natürlich zum sofortigen Probieren zubereitet. In Blechdosen aufbewahrt, hält es bis Ostern. Zum Verzehr schneidet man das Hutzelbrot in Scheiben, serviert es zum Kaffee, zu einem edelsüßen Wein. Wer das volle Aroma erleben will, wärmt das geschnittene Hutzelbrot ganz kurz im Mikrowellenherd an und serviert es mit Vanillesauce. Angesichts des zeitlichen Aufwands empfiehlt sich die Verwendung erstklassiger Ware und frisch gemahlener Gewürze. Auch hier wäre es schade, wenn ein paar eingesparte Euro das Ergebnis gefährden. Den Brotteig besorgt man sich am besten beim Holzofenbäcker. Der verwendet auch das besagte Schwarzmehl, und Brotteig gelingt immer noch am besten in großen Mengen, die im Haushalt wohl kaum anfallen.

Rezept

1 Kilo getrocknete Birnen und je 1 Pfund getrocknete Zwetschgen und getrocknete Feigen werden über Nacht gewässert, anschließend in 2 l Wasser und 300 g Zucker 10 Minuten blanchiert, dann abgegossen, abgetrocknet und in Streifen geschnitten. Zusammen mit 1 Pfund Datteln, 600 g gewaschenen Korinthen, je 1/2 Pfund ganzen Haselnüssen und Walnüssen sowie je 150 g Zitronat und Orangeat, in kleine Würfelchen geschnitten, werden die Früchte in einem halben Liter Kirschwasser eingelegt, mit 1 EL Zimt, 1 TL gemahlenen Nelken, 1 TL Aniskörner, 1/2 TL geriebenen Muskatnuss sowie 1/2 TL gemahlenem schwarzem Pfeffer und 1/2 TL gemahlenem Sternanis gewürzt und alles gut vermengt. Im Kühlschrank soll diese Mischung unter mehrmaligem Umrühren 2 Tage ziehen. Drei Pfund Brotteig werden mit den marinierten Früchten verknetet. Aus dieser Masse formt man sechs längliche Laibe. Diese lässt man nochmals an einem kühlen Ort einen Tag ruhen. Dann werden die Hutzelbrote bei 160 bis 180° eine Stunde gebacken. 5 Minuten vor Ende der Backzeit bestreicht man die Hutzelbrote mit Zuckerwasser.

Zutaten:

3 Pfund Brotteig
1 Kilo getrocknete Birnen
je 1 Pfund getrocknete Zwetschgen und Feigen
300 g Zucker
1 Pfund Datteln, 600 g gewaschene Korinthen
Je 1/2 Pfund ganze Haselnüsse und Walnüsse
je 150 g Zitronat und Orangeat
1/2 L Kirschwasser
Vorrätig: Zimt, Nelken, Aniskörner, Muskatnuss, schwarze Pfefferkörner, Sternanis

Profi-Tipp

Patrick König vom gleichnamigen Café in Oberharmersbach, verleiht dem Hutzelbrot eine leichte Chili-Note.

Kirschplotzer, ein intensives Geschmackserlebnis

Eine köstliche Art, altbackenes Brot zu genießen / Vanillesauce klassischer Begleiter
Mit oder ohne Kern: Möglichst feste frische Früchte verwenden / Zucker und Zimt

Dass aus altem Brot durchaus noch Köstliches zubereitet werden kann, beweist nicht nur die Füllung so manchen Geflügels oder der Serviettenknödel. Auch zum Dessert werden altbackene Brötchen verwendet, und der Kirschplotzer ist beredtes Beispiel dafür, dass solche Resteverwertung nicht nur von Sparsamkeit zeugt, sondern auch gut schmeckt. Der Kirschplotzer hat seine feste Zeit im Jahr, und wenn früher bis dahin noch ein paar Äpfel auf der Darre überlebt hatten, kamen sie ebenfalls in den rustikalen Kuchen. Heute macht das kein Problem mehr; Äpfel gibt´s das ganze Jahr über. Eine große Rolle spielen die Prozente, sowohl beim Einweichen des Brotes als auch fürs Aroma in Form von Schnaps. Ob dann Weincreme oder Vanillesauce den Kirschplotzer umfließen, bleibt dem Genießer überlassen.

Zutaten:

1 kg altbackenes Brot (Schwarz- u. Weißbrot)
300 g Zucker
200 g Butter
750 g feste schwarze Kirschen
50 g Mandeln
50 g Haselnüsse
10 Eier
2 Vanilleschoten
1 l Milch
Zu Hause vorrätig: Zimt, Zucker, Kardamompulver, Müller-Thurgau, Kirschwasser, Speisestärke

Rezept

Je ein Pfund Schwarz- und Weißbrot, in einem Viertel Müller-Thurgau sowie 5 cl Kirschwasser eingeweicht, knetet man mit den Händen gut durch. Nun werden 200 g Butter und 200 g Zucker mit sechs Eiern schaumig gerührt. Eine Handvoll Mandeln und Haselnüsse sowie ein gestrichener Teelöffel Zimtpulver kommen mit einem dreiviertel Kilo schwarzen festen Kirschen sowie dem eingeweichten Brot hinzu und werden vorsichtig untergemischt. Werden Kirschen ohne Kerne bevorzugt, dann empfiehlt sich das Mehlieren des Obstes, um ein zu rasches Absinken der Kirschen zu verhindern. Dazu sollten nach dem Entkernen der möglichst kalten Kirschen diese – eventuell auf Krepppapier – getrocknet und dann mit Mehl bestäubt werden. Unterlässt man diese Maßnahme, sinken die Früchte auf den Boden und verhindern so eine gleichmäßige Mischung von Kirschen und Teig. Wenn der Teig zu flüssig ist, kann mit Brotkrume nachgebunden werden. Die Masse wird in eine runde Form gegeben und bei 160 Grad eine Stunde im Ofen gebacken. Klassischer Begleiter des Kirschplotzers ist die Vanillesauce. Dazu wird 1 Liter Milch mit dem ausgekratzten Mark und den Hüllen zweier Vanilleschoten unter Rühren aufgekocht und die Schote danach entfernt. 80 g Zucker, drei Eigelb und ein ganzes Ei werden schaumig gerührt, die nicht mehr kochende Milch angegossen, eventuell mit Speisestärke leicht gebunden und bis zum Erkalten ab und zu durchgerührt.

Profi-Tipp

Peter Kunner, Konditormeister im „Backhaus Dreher“ in Gengenbach, empfiehlt eine Prise Kardamom in den Kirschplotzer.

Ob Pflaume oder Zwetschge, Hauptsache süß

Es gibt Tausende Abarten der Damaszener Urfrucht / Die Bühler Frühzwetschge genießt Weltruf / Griechen und Römer als Importeure

Wer war zuerst da, die Pflaume oder die Zwetschge? Da die Zwetschge botanisch als eine Unterart der Pflaume gilt, erübrigt sich diese Frage eigentlich. Aber es wurde schon Dümmeres diskutiert. Angesichts der unzähligen Züchtungen und Abarten lässt sich eine klare Antwort kaum geben. Jedenfalls soll diese Zwetschge aus Damaskus von den alten Griechen importiert worden sein, und über die Römer kam sie dann in den badischen Raum. Das Dorf Kappelwindeck mit seinem Ortsteil Riegel soll die Heimat der echten Bühler Frühzwetschge sein. Dem Vernehmen nach stammt diese Erfolgsfrucht von einem einzigen Baum, der diese Frucht unter dem Namen „Kappler Zwetschge" trug. Von tüchtigen Obstbauern wurde sie schnell vermehrt und erreichte alsbald ganz Deutschland in eigens geflochtenen Weidekörben. Die Saison der Pflaumen und Zwetschgen beginnt Anfang Juli. Im Schwarzwald sind die „Waie", die großen viereckigen Kuchen, beliebte Begleiter zur Kartoffelsuppe wie zum Kaffee. Besonders gut kommt der Geschmack der Zwetschgen in Verbindung mit Mandeln zur Geltung. Klassische Gewürze sind Nelken, Zimt und Kardamom.

Für 8 Portionen:

- 1 Rolle Blätterteig
- 3 Pfund feste Zwetschgen
- 70 g Mandelpulver
- 100 g Zucker
- 70 g Butter
- 50 g Mandelblättchen
- 1 Ei

Vorrätig je nach Gusto:
Gewürze wie Nelken, Kardamom, Zimt oder auch Zwetschgenwasser

Rezept

Da dieses Obst gewöhnlich stark Saft absondert, empfiehlt sich vorgebackener Blätterteig als Unterlage. Eine gebutterte Kuchenform wird mit dem ausgewellten Teig belegt, der Boden mit einer Gabel mehrfach angestochen und die Form im Kühlschrank aufbewahrt. Aus je 70 g Mandelpulver, weicher Butter und Zucker sowie einem ganzen Ei rührt man eine glatte Creme. 3 Pfund Zwetschgen werden in Viertel geschnitten und der Stein entfernt. Nun heizt man den Ofen auf 180°. Der Blätterteig in der Kuchenform wird mit Backpapier bedeckt, das mit getrockneten Erbsen oder Bohnen beschwert ist, und 10 Minuten „blind" gebacken. Dann entfernt man die Hülsenfrüchte und das Papier, verteilt die Mandelcreme auf dem Teig und setzt die Zwetschgenviertel rosettenförmig ins Blech. Dabei sollte man darauf achten, dass die Zwetschgen mit der Haut nach unten zu liegen kommen, um das Auslaufen des Saftes zu verhindern. Die Backzeit beträgt ca. 25 bis 30 Minuten. Danach wird der Zwetschgenkuchen mit 50 g Mandelblättchen und 2 EL Zucker bestreut und nochmals 5 bis 10 Minuten im heißen Ofen überbacken. Dazu passt ein bukettbetonter Winzersekt aus Baden.

Profi-Tipp

Patrick König, Chef im gleichnamigen Café in Oberharmersbach, empfiehlt das frisch ausgeschabte Mark einer Bourbonvanille in den Zwetschgenkuchen.

Fast nur in Baden und der Pfalz zu finden: die Quitte

Einst über die Türkei von den Römern nach Europa gebracht, findet das harte Obst wieder vermehrt in unsere Küche als Marmelade, Gelee und Schnaps

Eine Frucht, die immer mehr wieder in Mode kommt, ist die Quitte. Der säuerliche, birnenförmige und hoch aromatische Rosenblütler reift in der Herbstmitte, lässt sich aber problemlos über Wochen aufbewahren. Roh ist dieses Obst sehr hart, von zusammenziehendem Geschmack und nicht genießbar, dafür von einem herrlichen Aroma. Wie dieses Obst in unsere Breiten fand, lässt sich vermutlich einmal mehr mit den Römern in Verbindung bringen. Jedenfalls sind die warmen Weinbauregionen am Oberrhein die einzigen Gegenden, wo nördlich der Alpen halbwegs ertragreiche Populationen dieser aus Fernost über die Türkei eingereisten Frucht bestehen. Bekannt ist neben dem Quittengelee vor allen Dingen die Quittenmarmelade. Für Marmelade ist auf eine fleckenlose Oberfläche ohne Puffer oder gar Faulstellen zu achten.

Rezept Marmelade

Quittenmarmelade mit Vanille und Zimt ist die wohl gängigste Version. Dazu werden 2 Kilo Quitten gewaschen und der Flaum von der Schale abgerieben. Stiele und Blütenansätze entfernt, die Frucht in Achtel geschnitten und von den Kernen befreit, die Stücke in einen großen Topf gegeben und mit so viel Wasser aufgefüllt, bis sie bedeckt sind. Eine ausgeschabte Bourbon-Vanillestange, eine Zimtstange und 1 EL Zucker zugeben. Aufkochen und ca. eine dreiviertel Stunde weiterköcheln lassen, bis die Masse breiig ist. Zimt- und Vanillestange entfernen und das Obst pürieren. Den gewonnenen Brei mit der gleichen Menge Gelierzucker vier Minuten kochen. Heiß in saubere Gläser abfüllen. Quitten eignen sich als Beilage zu Mahlzeiten ähnlich wie Birnen. Wild, gekochtes Fleisch, besonders Wildgeflügel wie Fasan gewinnen durch den Geschmack von Quittenschnitzen.

Für 8 Portionen Quittenschnitze:

3 Quitten à ca. 400 g
1 EL Butterschmalz
1 EL Puderzucker

Für Marmelade:

2 kg Quitten
2 kg Gelierzucker
1 Vanillestange, 1 Zimtstange
Vorrätig: Zucker

Rezept Quittenschnitze

3 Quitten werden in kochendem Wasser kurz blanchiert und geschält. Nun entfernt man das Kerngehäuse und zerteilt die Früchte in Scheiben oder Schnitze. Diese brät man in einer Pfanne in 1 EL Butterschmalz an, überstreut sie mit 1 EL Puderzucker, dünstet sie so lange, bis das Obst zart und karamellisiert ist, aber noch nicht auseinanderfällt. Solcherart werden sie um das vorbereitete Fleisch gelegt und serviert. Als Dessert übergießt oder flambiert man die Quittenschnitze mit einem Gläschen Quittenschnaps. Ins Glas passt eine restsüße Scheurebe.

Profi-Tipp

Wolfgang Armbruster, Inhaber von „Armbrusters Hoflädele" in Gengenbach-Reichenbach, lagert die Quitten mit dem Stiel.

Zierde jedes Schwarzwälder Hofgartens: Rhabarber

Ob grün oder rot: Zucker ist die wichtigste Zutat beim Rhabarberkochen
Wertvolle Vitamine und Mineralstoffe / Hoher Wasserbedarf

Es gibt kaum einen Hofgarten im Schwarzwald, wo nicht im Frühjahr die großblättrigen Rhabarberstauden wachsen. Der Name erinnert nicht ohne Grund an die Barbaren – das Wort stammt aus dem Latein, barbarus steht für ausländisch, fremd. Ursprünglich stammt das Gemüse aus Nordasien, von wo es die Engländer nach Europa brachten, anfangs sicher nicht zu kulinarischen Zwecken. Das wäre bei der englischen Küche auch verwunderlich. Vielmehr dienten die Blätter als starkes Abführmittel, die Pflanze selbst zur Zierde. In unserer Volksmedizin ist dieses Heilmittel allerdings wenig bekannt, vermutlich wegen der Nebenwirkungen. Wichtig dagegen sind die Inhaltsstoffe wie Vitamine und Mineralien, wobei der typische säuerliche Geschmack auf die besonders in der grünen Variante deutlich hervortretende Apfel- und Zitronensäure zurückzuführen ist. Die adstringierende Wirkung des Rhabarbers wiederum liegt am relativ hohen Gehalt von Oxalsäure. Deshalb ist für Kinder und bei Erkrankung von Galle und Niere Vorsicht geboten. Hierzulande verarbeitet man die Stängel zu Kompott und Kuchen. Jung, spröde, möglichst rot und saftig müssen sie sein, wenn sie in der Zeit zwischen Mai und Juni geerntet werden.

Für 12 Kuchenstücke:

- 1 kg rote Rhabarberstängel
- 1 kg Erdbeeren
- 250 g Zucker
- 100 g Puderzucker
- 1 Zitrone
- 1 Paket Blätterteig (TK)

Rezept

Die Zubereitung ist recht einfach; die abgezogenen Stängel schneidet man in Abschnitte von drei bis vier Zentimeter und kocht sie mit viel Zucker. Rhabarber lässt sich gut mit Erdbeeren kombinieren. Zu diesem Zweck wird ebenfalls in einem emaillierten Topf ein Kilo Rhabarberstückchen von 3 cm Länge gegart, indem man sie mit 250 g Zucker und 3 EL Zitronensaft vermischt und eine Viertelstunde auf mittlerer Flamme unter Rühren köcheln lässt. Derweil heizt man den Backofen auf 210°. Eine flache Kuchenform von etwa 26 cm Durchmesser wird mit Blätterteig bis über den Rand ausgekleidet. Der Boden wird mit der Gabel mehrfach eingestochen und der Teig anschließend 15 Minuten im Ofen gebacken. Nun gießt man den gekochten Rhabarber ein, backt weitere 10 Min. und lässt den Kuchen abkühlen. 1 kg halbierte Erdbeeren, mit 1 EL Zitronensaft und 1 EL Puderzucker mariniert, werden in die noch lauwarme Form aufrecht und gleichmäßig eingesetzt und mit einem EL Zucker überstreut. Diese Frühsommertorte sollte sofort serviert werden, zusammen mit einem nicht zu trockenen badischen Winzersekt.

Profi-Tipp

Konditormeister Lothar Birnbräuer, Inhaber des gleichnamigen Cafés in Gengenbach, empfiehlt das ausgeschabte Mark einer Vanilleschote in den Rhabarber.

Schmalzgebackenes ist kulinarisches Brauchtum in Baden

Küchle, Scherben, Krapfen und Natronzäpfle sind zur Fasnachtszeit Pflicht

Besonders authentisch schmeckt's mit Butterschmalz

In der Ortenau hat Schmalzgebackenes zur Fasnacht Hochsaison. Scherben, Natronzäpfchen oder Krapfen gehören zur alemannischen Fasent wie Narri und Narro. Tradition hat diese Küchentechnik im Badischen, das kann man in vielen Katastrophenmeldungen der vergangenen Jahrhunderte nachlesen. Ganze Häuserzeilen fielen dieser Spezialität zum Opfer, wenn der Schmalztopf auf dem Herd Feuer fing. Der alte „Adler“ in Gengenbach ging vor bald drei Jahrhunderten ebenso in Flammen auf wie die halbe Zeller Hauptstraße zu Beginn des vorigen Säkulums. Da brauchte es nur einen Funken aus dem Herdfeuer, und der Gusseisentopf mit dem qualmenden Fett stand in hellen Flammen. Wer dann mit Wasser zu löschen versuchte, bezahlte dies nicht selten mit schweren Verbrennungen, weil das Fett explosionsartig verpuffte. Da half am ehesten noch eine Decke oder ein nasser Sack. Fasentskiechli, auch Scherben, sind nach wie vor begehrtes Naschwerk, übrigens nicht nur zur fünften Jahreszeit, sondern auch zur Kilwi, zur Kirchweih in den Seitentälern des Rheins, an Kinzig, Schutter oder im Harmersbach. Heutzutage bedient sich die Hausfrau für Schmalzgebackenes ihrer gewohnten Fritteuse. Wenn diese dann mit Butterschmalz gefüllt wird, entfalten die Fasentsküchle, überhaupt alles in Fett Ausgebackene und natürlich auch Berliner, einen herrlichen Geschmack. Am besten schmecken sie mit Puderzucker bestäubt, wobei sie nicht zu lange liegen sollten.

Zutaten für Striewili:

250 g Mehl

4 bis 6 Eier

1 dl Müller-Thurgau

1 EL Zimtpulver

100 g Puderzucker

Vorrätig: Meersalz, Butterschmalz oder Pflanzenfett zum Ausbacken, Zucker

Rezept

Ein fast vergessenes Rezept stammt aus dem Kochbuch der Frau Löffler aus dem vorigen Jahrhundert. Strauben nannte sie das, was bei uns Striebele oder Striewili heißt. Neben einer aufwendigen Brandteigvariante beschreibt sie Striebele aus einem Pfannkuchenteig, mit Wein verfeinert. Dazu braucht´s 250 g Mehl, 45 g Zucker und einen TL Salz. Dies alles wird in 1 dl warmem Weißwein angerührt. Je nach Menge wird dieser Teig mit vier bis sechs Eiern weiter verflüssigt und durch einen dünnen Trichter aus Blech ins 170 Grad heiße Schmalz laufen gelassen. Der Trichter wird dabei kreisförmig bewegt. Die so entstehenden Teigkringel lässt man goldgelb ausbacken und auf Küchenkrepp abtropfen. Mit Zimt und Zucker überstreut, werden die Striebele mit einer restsüßen badischen Scheurebe Auslese serviert.

Profi-Tipp

Axel Armbruster, Chef in der Gengenbacher „Pfeffermühle“, gibt in den Striebeleteig das ausgeschabte Mark einer Bourbonvanille.

Luftige Erinnerung an Omas Küche: Schneeballen

Die zarte Delikatesse aus Eierschnee ist eine klassische Süßspeise am Oberrhein
Goldbraune Karamellfäden zieren die „Schwimmenden Inseln"

Für 6 Portionen:

- 7 Eier
- 250 g Zucker
- 1/4 l Milch
- 1 dl Sahne
- 20 g Butter
- 1 Zitrone
- 1 Bourbon-Vanille
- Vorrätig: Meersalz

Schneeballen sind ein relativ anspruchsvolles Dessert, welches auch in der großen Küche seinen festen Platz hat. Der Vergleich mit der luftigen Blüte ist durchaus angebracht. Nicht verwechselt werden darf diese Schwarzwälder Köstlichkeit mit dem gleichnamigen Dessert in Nordbaden, bei welchem süßer Teig in heißem Fett ausgebacken wird. Frankreichs Grande Cuisine wiederum kennt unter der gleichen Bedeutung seine „Îles flottantes – Schwimmende Inseln", die auf keinem Dessertwagen fehlen dürfen. Die Schneeballen aus geschlagenem Eiweiß schwimmen in einer leichten Vanillesauce und werden mit goldbraunen Karamellfäden überzogen. Die Zubereitung erfordert etwas Geschick. Die einzelnen Bällchen dürfen im Kochwasser nur simmern und keine Zugluft bekommen, sonst fallen sie zusammen. Die Sauce sollte der aufwendigen Arbeit entsprechen und nicht aus der Packung stammen.

Rezept

Benötigt werden: 7 Eier, eine Prise Salz, 1 EL Zitronensaft, 250 g Zucker, 1/4 l Milch, 20 g Butter, 1 dl Sahne, 1 Bourbon-Vanille. Das Eiweiß vom Eigelb trennen, 1 Stunde kalt stellen und dann mit einer Prise Salz und 1 TL Zitronensaft mit dem Handrührer zu einem festen Schnee schlagen. Dabei 100 g Zucker in feinem Strahl langsam zugeben und weiterschlagen, bis sich der Zucker völlig aufgelöst hat. Einen großen Topf leicht gesalzenes Wasser aufkochen und unter dem Siedepunkt ziehen lassen. Mit zwei Esslöffeln aus dem Eischnee Bällchen ausstechen, 15 Minuten im Wasser ziehen lassen, dabei einmal wenden. Die fertigen Schneeballen abtropfen lassen und in die nicht zu heiße Sauce geben. Für diese lässt man 125 g Zucker in 1 dl Wasser auflösen und eine Minute kochen. Eine aufgeschlitzte Vanilleschote ausschaben und mit dem Vanille-Mark in diesem Sirup 20 Minuten abseits vom Feuer ziehen lassen. Die Eigelb schaumig schlagen, den Sirup unter Rühren zugießen und die Mischung durch ein Sieb passieren. 1/4 l Milch zugeben. Auf niederer Hitze diese Flüssigkeit so lange schlagen, bis sie dick und schaumig ist. Vom Feuer nehmen und ständig rühren. Sobald die Vanillesauce abgekühlt ist, 1 dl steifgeschlagene Sahne unterziehen. Die Schneeballen werden nun in Suppentellern verteilt und mit der Vanillesauce begossen. Den restlichen Zucker lässt man in 20 g Butter karamellisieren, träufelt etwas Zitrone hinein und überzieht damit die Schneeballen in feinen Fäden.

Profi-Tipp

Martin Herrmann, Sternekoch auf dem Dollenberg, gibt in die Vanillesauce einen Spritzer Amaretto.

Ob als Blüte oder Beere ein Hochgenuss: Schwarzer Holunder

Der symbolträchtige Busch mit den weißen Blüten und schwarzen Beeren gilt als bodenständiges Dessert – nicht nur im Schwarzwald

Wer seine Kindheit im Schwarzwald verbracht hat, dem ist der Holunder in mannigfaltiger Weise geläufig. Nicht nur kulinarisch – da gilt die Liebe des bodenständigen Feinschmeckers dem Saft, dem Sekt, mit Holunderblüten parfümiert, oder dem Gelee. Die unternehmungslustige Jugend indes nutzt den grünen Busch wesentlich profaner: Aus dem Holz lassen sich treffliche Blasrohre fertigen; die unreifen Beeren liefern die passende Munition. Zum Leidwesen der Hausfrau auch die reifen Beeren, die auf den blütenweißen Sonntagshemden der so Beschossenen herrlich-hässliche Flecken hinterlassen. Schmalzgebackenes kam mit dem Siegeszug der Fritteusen wieder in Mode. Dass man dieses praktische Küchengerät auch zu was anderem als Pommes verwenden kann, hat sich mittlerweile auch bei Neubadenern rumgesprochen. Neben Scherben, Kilwiküchle, Striewili geraten auch Holderküchle so problemlos, und hier darf es auch in der Fritteuse Butterschmalz sein.

1. Rezept

Im Mai und Juni blüht der Schwarze Holunder. Dessen Blütenstände sind beige-weiß. Man pflückt für vier Personen 16 Dolden kurz vor der vollen Entfaltung, braust sie vorsichtig ab und trocknet sie auf Küchenkrepp. Aus 200 g Mehl, 3 Eigelb, 2 dl Milch und Wasser sowie einer Prise Salz bereitet man einen Pfannkuchenteig. 3 Eiweiß werden mit einem Päckchen Vanillezucker steif geschlagen und vorsichtig unter den Teig gemischt. Nun taucht man die Holunderblüten in den Teig und backt sie schwimmend im heißen Fett goldbraun knusprig aus. Die abgetropften Küchle bestreut man durch ein Sieb mit Puderzucker und serviert sie umgehend mit einer badischen Beerenauslese von der Scheurebe.

Für 4 Portionen:

- 16 Holunderblütendolden bzw. 3/4 Kilo reife Holunderbeeren
- 200 g Mehl
- 3 Eier
- 2 dl Milch
- 125 bzw. 150 g Zucker
- 1 Vanilleschote bzw. Vanillezucker
- Vorrätig: Meersalz, Puderzucker, Butterschmalz, Zitrone

2. Rezept

Als Sauce für hauchdünne Pfannkuchen, für Vanilleeis oder gedünstete Birnen eignen sich die lilaschwarzen Holunderbeeren. Für ein Dessert für vier Personen braucht´s anderthalb Pfund vollreife Holunderbeeren. Diese werden mit 150 Gramm Zucker, dem Saft einer halben Zitrone sowie einer aufgeschnittenen Vanilleschote zu einem dicken Fruchtmark gekocht. Anschließend wird die Masse durch ein feines Sieb passiert. Mit dieser Sauce lassen sich auch die Teller für Beerendesserts ausgießen. Wer´s mag, kann das Holundermark mit hochprozentigem Holundergeist oder Williams Christ anfeuchten.

Profi-Tipp

Theo Berl, Wirt im „Wilden Mann" in Marlen, gibt 2 EL „Balema Holunderblüten Genuss" in den Ausbackteig für die Holderküchle.

Roland Dieterle
EDITION
TOMI UNGERER

Dieses Buch basiert auf einer Serie in der Mittelbadischen Presse über unsere Heimatküche. Dabei handelt es sich nicht etwa um eine weitere Auflistung der bekannten Rezepte unserer Altvordern, sondern um aktuell zubereitete Stammessen aus dem Paradies zwischen Rhein und Schwarzwald, zwischen dem Markgräfler Land und der Kurpfalz. Wenn die meisten Gerichte kulinarisches Heimaterbe der Ortenau sind, liegt das in der Tatsache begründet, dass dieses Herzstück Badens alles bietet, was für ultimative Küche und deren Zutaten von Belang ist: Wein, Wasser, Wild, Fleisch aus natürlicher Aufzucht, Geflügel, Obst und Gemüse vom Bauernmarkt, kurz alles, was es wert macht, am Herd jenes Engagement zu investieren, ohne das Kochen nur ein Anrühren von Pulver oder Auftauen industrieller Sättigungsmittel darstellt.

Sollte bei dieser Gelegenheit Altbekanntes einmal mehr aufgezählt werden, dann nicht zuletzt zur Beweisführung, dass vieles, was gut schmeckt, hierzulande erfunden wurde, wenn auch nicht alles. Um dem Vorwurf der Überheblichkeit und Besserwisserei im Vorfeld zu begegnen: Für die rund 100 Klassiker haben professionelle Fachleute so etwas wie eine Patenschaft übernommen. Und weil nichts so gut ist, als dass es nicht noch besser schmecken könnte, darf der Leser gespannt sein, was an verstecktem Wissen in unserer badischen Kochkunst noch so alles steckt.

9 783941 477094